Albert Gombert

Nomenclator Amoris Liebeswörter

Ein Beitrag zum Deutschen Wörterbuch der Gebrüder Grimm

Albert Gombert

Nomenclator Amoris Liebeswörter
Ein Beitrag zum Deutschen Wörterbuch der Gebrüder Grimm

ISBN/EAN: 9783744605014

Hergestellt in Europa, USA, Kanada, Australien, Japan

Cover: Foto ©Thomas Meinert / pixelio.de

Weitere Bücher finden Sie auf **www.hansebooks.com**

NOMENCLATOR AMORIS

ODER

LIEBESWÖRTER.

EIN BEITRAG

ZUM DEUTSCHEN WÖRTERBUCHE

DER

GEBRÜDER GRIMM.

ZUSAMMENGESTELLT

VON

A. GOMBERT.

STRASSBURG.
VERLAG VON KARL J. TRÜBNER.
1883.

VORWORT.

In dem von Moriz Heyne bearbeiteten sechsten baude des Grimmschen deutschen wörterbuches findet man 257 zusammensetzungen mit liebes-, eine stattliche zahl, durch welche die in rede stehenden wortbildungen fast erschöpft zu sein scheinen; auch beweist ein blick in die schon umfangreichen früheren wörterbücher von Adelung und Campe den erheblich größeren reichtum des Grimmschen. Adelung nämlich bietet von liebesapfel bis liebeswort sechzehn artikel, der freilich auch mit seiner vollständigkeit großthuende Campe von liebesabentouer bis liebeszunder deren 128, die hälfte der von Heyne erreichten zahl. Adelung ist bei der aufnahme der uns hier beschäftigenden bildungen offenbar mit sichtender behutsamkeit zu werke gegangen, Campe verzeichnet alle ihm bekannt gewordenen belegbaren und sonst ihm vernünftig und sprachgemäß erscheinenden zusammensetzungen, und so gelang es ihm fast die neunfache zahl der bei Adelung erscheinenden in reih und glied zu stellen. daß sich in den wenigen jahrzehnten, die zwischen Adelung und Campe liegen, die mit liebes- zusammengesetzten wörter so ungemein vermehrt haben sollten, ist an sich undenkbar und wird auch durch vergleichung früherer wörterbücher widerlegt. Levin Hulsius allerdings (1605) hat noch keine einzige dieser zusammensetzungen, Math. Krämer (1678) aber deren 17, Stieler (1691) schon 98, Erberg (1710) nur 8, Rädlein in seinem Sprachschatz (1711) 14. Krämer in seinem hoch-niederdeutschen wörterbuch (1719) 17, Hederich im promptuarium latinitatis (1729) 14, Frisch (1741) 7, Moerbeek (1787) in dem 4. druck des Krämerschen werkes giebt 63 solche bilduugen. im allgemeinen erhellt aus diesen wenigen angaben, daß die zusammensetzungen mit liebes-, deren erstes vereinzeltes vorkommen Heyne schon aus dem 15. jahrh. belegt, erst mit dem 17. jahrh. häufiger werden, daß man aber auch hier wie bei andern wörtern aus den aufzeichnungen der wörterbücher keinen sicheren schluß über die üblichkeit oder verbreitung eines ausdrucks ziehen darf. wenn insbesondere Stieler eine überraschende fülle von zusammensetzungen mit liebes- zeigt, so mag der schon früh gegen ihn erhobene vorwurf, daß er sich manche wörter selber gebildet habe, nicht ganz grundlos sein; aber die bei weitem grösste zahl dieser von ihm gebrachten bildungen fand er ohne zweifel in büchern oder in mündlichem gebrauche. und es liegt nur an der meist durch andere zwecke bedingten kürze und unvollständigkeit der späteren wörterbücher, wenn dieselben einen geringeren umfang des sprachschatzes zeigen als das Stielersche werk. auf alle fälle wäre es wünschenswert gewesen, daß M. Heyne die aufstellungen Stielers grundsätzlich zu rate gezogen hätte; daß dies aber nicht geschehen ist, lehrt eine vergleichung der beiden wörterbücher, indem von den bei Stieler vorkommenden zusammensetzungen mit liebes- mehr als die hälfte bei Heyne fehlen, nämlich: liebesart, liebesbecher, liebesboginn, liebesbild, liebesblitz, liebesneuerung, liebesweckerin, liebeserweckung, liebesgebür, liebesgesell, liebesgosetz, liebesherz, liebeshülfe, liebeskampf, liebeslast, liebeslaster, liebesnarr, liebesregung, liebessaal (palatium amoris), liebesscherz, liebesschlägelchen, liebeserschleichung, liebesschutz, liebessouche, liebessieg, liebessklave, liebessonne, liebesspital, liebessprache, liebesspruch, liebessteupung, liebesstrafe, liebessuppe, liebestriumph, liebesvolk, liebeszorn, liebeszweifel, dazu liebsanzeigung, liebsgemeinschaft, liebsgenoß, liebsgeschenk, liebsgewerbe, liebsgewogenheit, liebsmittel, liebsorder (commercia amoris), liebsschrift, liebsschütze, liebsschuß, liebsstimme, liebsstrick, liebsstück (das verkleinerungswort liebsstückchen hat das DWB aus Hölty, ebenso liebe-stück), liebswesen, liebswurf, liebszwick.

Einen beträchtlichen teil dieser wörter würde auch ich an Heynes stelle nicht aufgenommen haben; die weglassung anderer wieder kann ich mir nur unter der annahme erklären, daß Heyne Stielers aufzeichnungen nicht beachtet hat, wenngleich sich einmal (unter liebesgott) ein hinweis auf denselben findet.

Moerbeeks wörterbuch vom j. 1787 enthält folgende 17 (18) vom Grimmschen wörterbuche übergangene zusammensetzungen: liebesdichter, liebeserweisung, liebesfabel, liebesgeberde, liebesgeist, liebesgelegenheit, liebesgenäsche, liebesgenuß, liebesgeschäfte, liebesgeschwätz, liebeskampf, (liebesliedchen) liebeslist, liebesscherz, liebesseuche, liebesspital, liebessprache, liebesvorwurf; fünf von diesen, wie man sieht, finden sich schon bei Stieler.

Von Campes 128 zusammensetzungen fehlen im DWB 34; aus einigen übereinstimmungen in den belegen ist vielleicht zu schließen, daß Campes wörterbuch bei den bildungen mit liebes- von Heyne nicht ganz unbeachtet blieb; recht ausgenutzt ist es nicht, sonst wenigstens würden im DWB, das doch manches nicht eben übliche wort enthält, die verbindungen liebesbedürfnis, liebesglanz, liebeskunst, liebeständelei nicht fehlen. über Campe fällt Jac. Grimm in der vorrede zum 1. bande des DWB sp. XXIV ein in der hauptsache zwar zutreffendes, doch insofern nicht ganz billiges urteil, als bei Campe, wenn man genauer zusicht, nicht lediglich 'haschendor', sondern auch 'stillemsiger' sammelfleiß zu tage tritt; auch der purismus des mannes verdient nicht schlechtweg unverständig genannt zu werden. richtig ist ja, daß nach nach Adelungs tüchtiger leistung es bequem und leicht war zwischen die in reinlicher übersicht alphabetisch geordneten wörter die übergangenen oder übersehenen einzuordnen. daß sich Campe der so gewonnenen vermehrung der wörter in mechanisch zählender weise am schlusse der vorrede jedes bandes rühmt, ist unschön, und hat vielleicht dazu beigetragen Grimms zorn gegen den ihm als handwerksmäßig und engherzig geltenden mann zu erhöhen.

Wenn ich nun ebenfalls im folgenden eine reihe von ergänzungen zum DWB 6, sp. 941—958 gebe, so verwahre ich mich alles ernstes dagegen, daß man in meinen mitteilungen eine ruhmredigkeit und eitles prunken mit belesenheit sehe. ich habe von den in betracht kommenden schriftstellern gerade soviel gelesen, um deutlich zu erkennen, daß wirklich umfassende nachträge aus den quellen nicht von éinem manne zu geben sind, am wenigsten aber von einem dessen meiste zeit und beste kraft dem amte gehört. meine absicht ist hauptsächlich, zu zeigen auf welche quellen bei den weiteren lieferungen des schönen großen werkes vielleicht noch bedacht zu nehmen wäre, nebenbei auch, eine noch deutlichere empfindung von dem reichtum und der bildungsgewandtheit unserer sprache zu geben als es die von Heyne verzeichneten zusammensetzungen mit liebes- zu thun im stande sind.

Wo aber bliebe, fragt man, bei noch umfangreicherer benutzung der quellen und bei der daraus hervorgehenden starken vermehrung der belege der charakter des 'familienbuches', den Jac. Grimm doch dem werke zuweist und den auch M. Heyne, wie er in dem kurzen vorwort zu bd. 4, 2 angiebt, nicht gänzlich aufgeben will? den von Jac. Grimm schon nicht in dem gewöhnlichen sinne gebrauchten ausdruck dürfen wir heute um so weniger eng fassen, als bei dem immer reichlicheren fließen beachtenswerter quellen die aufgaben des wörterbuches im laufe von drei jahrzehnten allmählich erweitert erscheinen. das noch nicht zur hälfte vollendete 'familienbuch' enthält ja jetzt (august 1881) auch schon abgesehen von den vorreden und quellenverzeichnissen 14044* spalten text in enggedrucktem quartformat, d. h. reichlich so viel wie 100 romanbände von durchschnittlichem umfange, ist also mehr und mehr zu einem gelehrten nachschlagewerk geworden. und dennoch fühlt man, wenn man Jac. Grimms tiefempfundenes vorwort zum ersten bande liest, daß es ihm mit dem familienbuche völliger ernst war. nicht aber am umfange bloß liegt es, ob ein buch ein familienbuch sein kann, sondern auch am inhalt, an der art der bearbeitung, also bei einem wörterbuch auch an der auswahl der quellen und der belege. diese auswahl ist für das DWB erfolgt nach einem reiflich erwogenen plan und darum hier von mir nicht zu bemängeln. Jac. Grimm aber selber wies schon in der angeführten vorrede zum 1. bande sp. LXVIIJ darauf hin, daß im laufe der zeit noch mehr quellen zu benutzen und die benutzten zum zwecke tieferer erschöpfung noch einmal zu lesen wären, und der einsichtige und billig denkende Rud. v. Raumer sprach in seiner bekannten längeren beurteilung des DWB (urspr. in der zs. für österr. gymnasialwesen 1858) insbesondere aus, daß gegenüber einer reihe von nicht bloß verhältnismäßig unbedeutenden schriften des 17. jahrh. die inhaltreichere geistliche dichtung und prosa der gleichen zeit nicht genügend beachtet sei. die von Raumer gegebenen erinnerungen sind von Hildebrand in der hauptsache erledigt, wie sein stattliches verzeichnis neubenutzter quellen vor dem fünften von ihm bearbeiteten

---

* jetzt 15,800 (nov. 1882).

bande zeigt; indessen ist das ältere kirchenlied auch in den neueren lieferungen des wörterbuches trotz dem erscheinen von Ph. Wackernagels bedeutendem werke noch nicht völlig zu seinem rechte gekommen. in den letzten jahrzehnten des 17. und weit bis in das 18. jahrh. hinein haben wir das schauspiel, daß viele anhänger und nachahmer der 2. schlesischen dichterschule uns als verfasser lüstern schmutziger liebesgedichte und gleichzeitig oder in späteren lebensjahren als geistliche liederdichter entgegentreten. während nun der inhalt dieser zwei dichtungsarten himmelweit verschieden ist, zeigen dieselben die größte übereinstimmung in sprache und darstellung. bei der großen auch für die sprache nachhaltigen einwirkung des evangelischen kirchenliedes war es wünschenswert, daß dessen entwickelung auch während dieser zeit der entartung im deutschen wörterbuche zur anschauung käme, so weit sich überhaupt solches ziel durch mitteilung einzelner über das alphabet zerstreuter stellen erreichen läßt. Hildebrand hat die in Neukirchs bekannter sammlung aufbehaltenen weltlichen gedichte und anderes der art fleißig ausgezogen und benutzt, die gleichzeitigen geistlichen lieder aber weniger beachtet; bei Heyne vermißt man die stärkere heranziehung beider gattungen. nun wird schon seit der zweiten hälfte des 17. jahrh. bei Angelus Silesius und andern und später durch die liederdichter der pietistischen richtung im beginn des 18. jahrh. Jesus vorzugsweise als der könig und inhaber aller liebe gefeiert und diese liebe, sei es im allgemeinen zur menschheit und zur kirche, sei es im besonderen zur einzelnen menschenseele, allerdings in stetiger wiederholung desselben grundgedankens, doch fast durchweg in gewandtem, blühendem und mannigfaltigem ausdruck unter dem bilde des sinnlichen liebesverhältnisses zwischen mann und weib dargestellt, und endlich verirren Zinzendorf wie einige seiner anhänger sich dabei ebenso in widrige süßlichkeit und (wenigstens Zinzendorf selbst) in die äußerste geschmacklosigkeit des ausdrucks wie in höchste anstößigkeit der gedanken. beispiele dieser heutzutage von jedermann als widerwärtig empfundenen vermischung des heiligen und unheiligen habe ich nicht geben wollen und darum Zinzendorf nur in seinen noch gesunderen teutschen gedichten zu worte kommen lassen, aus den früheren gedichten der zweiten schlesischen schule aber bringe ich zahlreiche belege, nicht weil ich an dieser art gefallen hätte, sondern weil mir Heyne hier nicht genug gethan hat, also weil es mir darauf ankam, eine reihe von ausdrücken, die man nach Heynes schweigen oder nach seinen erst späten belegen der älteren zeit abzusprechen geneigt wäre, als derselben zugehörig nachzuweisen. die hauptquelle dieser dichtung bietet außer Lohensteins dramen die schon genannte Neukirchsche sammlung, soweit überhaupt das wort quelle noch für einen sumpf verwendbar ist. mit den ärgsten gemeinheiten dieser zotendichter habe ich das papier verschont, im allgemeinen aber in der wiedergabe des sittlich anstößigen die in Jac. Grimms vorrede zum 1. bande des wb. sp. XXXII—XXXIV aufgestellten grundsätze für maßgebend erachtet. dem in vielen gedichten gerade so anstößigen Günther habe ich für die nachstehende sammlung wenigstens nicht so große aufmerksamkeit zu schenken nötig gehabt, weil Günther für das DWB sehr gründlich ausgezogen ist und darum wenig nachträge erfordert. auch Hagedorn, Hölty und Bürger sind von Grimm und seinen fortsetzern in einer weise benutzt die nichts zu wünschen übrig läßt. zu Schiller ergeben sich einige ergänzungen aus der noch nicht vollständig benutzten ausgabe von Gödeke (auch schon aus dem ersten bande der Hempelschen[1]; mehreres war auch in den sonst so gründlich benutzten schriften Göthes übersehen. mehr aufmerksamkeit konnte Heyne. wie ich glaube, den romantiken schenken; Arnims kronenwächter allerdings werden, vielleicht von (W. Grimms?) freundeshand mit liebevoller sorgfalt ausgezogen, im DWB aufs ausgiebigste benutzt, aber es befremdet, daß Tiecks bei der romantischen schule lange zeit als musterdichtung geltender kaiser Oktavianus fast ganz im hintergrunde bleibt; ebenso möchte ich den gedichten Tiecks (die übrigens die meisten lyrischen stellen aus dem Oktavianus wiederholen) und den schriften Hardenbergs größere beachtung wünschen. noch mehr vermisse ich bei Heyne die schönen, klaren und reinen klänge von Schenkendorfs gedichten; nicht wenige von diesen sind in weite kreise gedrungen, und ihre wiedergabe würde mit dazu dienen, dem großen werke wieder ein klein wenig den charakter eines 'familienbuches' zu geben. in dieser beziehung habe ich noch eins auf dem herzen. uns allen, die wir durch die deutsche schule gegangen sind, ist auf den verschiedenen stufen derselben eine erhebliche zahl von gedichten zum lesen oder zum lernen vorgeführt, und wenngleich in der auswahl dieser gedichte je nach landschaft und bekenntnis sich einiges schwanken zeigt, so bleibt doch — das lehrt die vergleichung der zunächst an den höheren schulen Deutschlands gebrauchten lesebücher und gedichtsammlungen — ein ziemlich umfangreicher fester kern von gedichten übrig, welche die deutsche schule ihren zöglingen mit ins leben giebt. dies spätere leben freilich übertäubt bei jedem manches von diesen klängen, bei vielen vieles, bei manchen vielleicht das meiste, ja scheinbar alles; wer aber selbst wieder deutschen unterricht auf verschiedenen stufen erteilt hat, vor dessen geistigem auge zieht mit der amtsmäßigen lesung und erklärung der ihm meist schon von früher her vertrauten gedichte ein stück jugendleben vorüber, und allmählich haftet wieder ein ansehnlicher vorrat des einst erlernten fest im gedächtnis. diese erfahrung hat sicherlich auch Hildebrand bei seiner langjährigen lehrerthätigkeit gemacht, und diesem umstande, nicht bloß der gewaltigen belesenheit des mannes, schreibe ich es zu, daß man im DWB unter Hildebrands belegen nicht leicht einen vermißt, den eins der besonders durch die schule verbreiteten gedichte an die hand giebt. Heyne scheint dieser auffrischung der alten jugendbekanntschaft zu ermangeln, und darum findet sich bei ihm auch manches blasse und duftlose beispiel, das ich gern durch ein farbenfrischeres und jugendduftigeres ersetzt sähe. das, meine ich, gehörte gerade zu der eigentümlichkeit des 'familienbuches', daß man diese alten bekannten, 'die uns wehmütige und liebliche gedanken an die jugend und heimat eingeben', auch im großen deutschen wörterbuche wiederfände. von H. Heine hingegen gehören allerdings zahlreiche stücke aus dem buch der lieder zum unverlierbaren geistigen eigentum des deutschen volkes; dagegen ist es eine nicht lobenswerte beeinträchtigung vieler des andenkens würdigerer dichtungen, wenn in den von M. Heyne bearbeiteten teilen des DWB die verse Heines ohne auswahl mit augenscheinlicher vorliebe ausgezogen sind; wenn vollends auch Heines überwiegend widerwärtige prosa die gleiche berücksichtigung erfahren hat, so müste man darin entschieden eine geschmacksverirrung sehen, dürfte man nicht annehmen, daß dieser unerfreulichen fülle eher eine zu große nachgiebigkeit gegenüber den auszügen eines für Heine stark eingenommenen helfers zu grunde läge. muß ich mich aber noch gegen den vorwurf des widerspruches oder gar der heuchelei verwahren, wenn ich widerwillen gegen die große mehrheit von Heines schriften zeige und gleichzeitig eine lange reihe von beispielen aus Hoffmannswaldau, Lohenstein und ihren nachahmern bringe? nein, meine belege aus diesen älteren dichtern haben gegenüber den lücken in Heynes bearbeitung einen, wenn auch geringen, sprachgeschichtlichen wert. II. Heine hingegen hat — und ich sehe darin keinen tadel für ihn, vielmehr einen mitwirkenden grund für seinen weitreichenden einfluß — in seiner dichtung wie in seiner prosa sprachlich wenig eigentümliches; wenn man also außer den schon angedeuteten schönen stücken aus dem buch der lieder noch viel aus seinen schriften in das deutsche wörterbuch aufnehmen will, so muß man es des inhalts wegen thun, und dieser ehre ist eben der inhalt nicht würdig.

Ein anderes mißverständnis meiner belege liegt nahe, nämlich als wollte ich behaupten, daß alle meine im folgenden verzeichneten bildungen mit liebes- zu den von Heyne gegebenen zu fügen wären, um dadurch erst dem abschnitt die erforderliche vollständigkeit zu geben. ich bin einsichtig genug, um zu erkennen, daß durch grundsätzliches und auch für die fortsetzung des werkes festgehaltenes streben nach solcher ausführlichkeit, die dann einen dritten leicht zu weiteren ergänzungen reizen könnte, das Grimmsche wörterbuch ganz ungebührlich in seinem fortschreiten gehemmt oder selbst, wie ängstliche gemüter vielleicht ohnehin schon fürchten, einer art von versumpfung entgegengeführt werden würde. ich erkläre demnach, daß, wenn mir selber die zusammenstellung der mit liebes- gebildeten wörter für das DWB obgelegen hätte, ich eine erhebliche anzahl der jetzt von mir gebrachten belege ebenfalls nicht in das werk aufgenommen haben würde; ich hoffe dagegen auch, daß, wenn M. Heyne etwa meine ergänzungen mit den entsprechenden spalten des DWB vergleicht, er zugeben wird, daß doch nicht weniges in meinen nachträgen der aufnahme würdig gewesen wäre. auf der andern seite bin ich auch mit meiner auswahl nicht recht zufrieden, da ich manche unwichtige quelle benutzt, wichtigere daneben nicht befragt habe. die sammlung würde planmäßiger angelegt sein, wenn ich nicht an meinem wohnort von der benutzung der königlichen bibliothek zu Berlin ausgeschlossen wäre.

So der schwächen meiner sammlung mir bewußt, werde ich hoffentlich vor dem verdachte sicher sein, als wollte ich den in betracht kommenden teil des DWB einer übermütigen und unbefugten beurteilung unterziehen.

Auf ruhige meinungsäußerung kam es mir an, nicht auf klägliche anfeindung des großen werkes 'das alle freuen soll'. zu solchem zweck wäre ja mehr erforderlich als eine bloße stellensammlung aus einer reihe von neuhochdeutschen schriften. und sollte mich wirklich der traurige ruhm der zwei von Jac. Grimm in berechtigtem zorn gezeichneten 'spinnen' reizen, die ihm 'auf den wortgarten gekrochen' waren 'und ihr gift ausgelassen' hatten? meinen bekannten brauche ich mich hierüber nicht erst zu erklären, für ferner stehende aber setze ich eine stelle aus einem briefe her, den mir der vortreffliche Karl Weigand als antwort auf die übersendung einer kleinen schulschrift zugehen ließ: 'Es fällt Ihnen auf, schreibt Weigand, 'daß ich Sanders nicht nenne noch auf ihn irgend achte. sein dickes buch, das ich sehr wol kenne, zeigt wol belesenheit, aber nicht systematische, strenge, einsichtsvolle ausbeutung (wie viele wörter selbst z. b. bei Göthe fehlen!) und entbehrt zu sehr der wissenschaftlichkeit, zumal da dem herren kenntnis und einsicht in unsere alte sprache abgeht, weshalb er auch, wo er sich aufs etymologisieren einläßt, das wunderlichste zeug vorbringt. dazu kommt noch, was mir den mann so höchst zuwider machte, sein ungezogenes auftreten gegen die brüder Grimm, und er ist doch eigentlich nichts im fache gegen diese'. so weit Weigand, und ich schließe mich seiner beurteilung überhaupt und besonders in dem letzten punkte an. denn ich sehe jede grundsätzliche dem zwecke der herabsetzung dienende anfeindung des DWB als ein schmachvolles beginnen an, und würde mich freuen, wenn mein schriftchen recht viele leser triebe sich mit dem großen werke in aufmerksamer und liebevoller betrachtung zu beschäftigen und sich die in demselben für geist und gemüt gebotenen schätze willig anzueignen.

Es folgen nun von den mit liebes- zusammengesetzten wörtern zunächst die im DWB übergangenen (1. abteilung), dann die im DWB zwar aufgeführten, doch noch anderer meist älterer belege bedürftig erscheinenden (2. abteilung). bei dieser letzteren art weisen die in klammern hinzugefügten schriftstellernamen auf den ältesten im DWB gegebenen beleg. der anhang enthält bildungen mit liebe- und lieb- die meistenteils im DWB übergangen sind.

Groß-Strelitz, den 11. nov. 1882.

A. Gombert.

ERSTE ABTEILUNG.

BILDUNGEN MIT LIEBES-

DIE IM GRIMMSCHEN WÖRTERBUCHE ÜBERGANGEN SIND.

LIEBESABENDROT.
 ohne schauder vor dem tod
 wie die sonne sich zu senken
 in ein liebesabendrot.
  RÜCKERT 1, 505.

LIEBESABENDSTERN.
 ich liebe einen edlen herrn [*den frühling*]
 und er ist meine lust;
 er trägt den liebes-abendstern
 als orden auf seiner brust. RÜCKERT 2, 281.

LIEBESABENTEURER (*vgl. liebesritter*).
die beraubung des liebesabenteurers,
dem man bloß einen mantel gelassen. DÜNTZER
Göthes lyrische Gedichte 2, 376 (der müllerin
verrat).

LIEBESABGRUND.
 wenn nun der geist ins göttlich ein
 im liebesabgrund, ganz verzücket
 vergißt des kummers furcht und pein.
  G. ARNOLD göttl. liebesfunken 220 (1608).
 o liebesabgrund, den ergründen
 auch keines engels senkel kann.
  F. M. ARNDT gedichte 464.

LIEBESABSCHIED. Menantes allerneuste
art, register *unter* abschied.

LIEBESACKER.
 die liebesäcker pflügen. NEUKIRCH 1, 39.
(C. H. v. H, *also angeblich von* Hoffmannswaldau).

LIEBESADER.
 aus meinem brunnen muß die liebesader quell'n.
  NEUKIRCH 4, 191
mit der bezeichnung D. C. v. L., *d. h.* Daniel Caspar von Lohenstein. *das gedicht*, 'ein
rechtsstreit der schönheit und freundlichkeit
um den siegeskranz der liebe', *steht allerdings in* Lohensteins rosen s. 63—72 (Breslau, Fellgibel 1680) *unter der überschrift*
'gewalt und liebesstreit der schönheit und
freundligkeit', *doch fehlt hier eine reihe von
den bei Neukirch aufgenommenen strophen,
unter andern auch diese, welche den beleg zu*
liebesader *bietet*.
 soll sich die mutter schämen
 zu lieben ihren sohn, die mit der milch ihm flößt
 die liebesader ein?
  LOHENSTEIN Agrippina 3, 170 ff.

LIEBESAFFE. (*alberner oder zudringlicher liebhaber.*) MÜHLPFORT hochzeitgedichte
19 (1682).
 ach, aber meine pein
 ist anders weit beschaffen,
 als mancher liebesaffen,
 die voller list und complimente sein.
  NEUKIRCH 1, 402.

LIEBESAHNUNG.
 als dunkle liebesahnung schwoll
 am jugendlichen busen. RÜCKERT 7, 88.

LIEBESAMBRA. MÜHLPFORT hochzeitgedichte 34 (1668); Lohensteins Venus *bei*
NEUKIRCH 1, 291.

LIEBESAMT. MÜHLPFORT vermischte gedichte 27.

LIEBESANDACHT *überschr.* bei RÜCKERT
5, 305 (östliche rosen) *im text ebd.* 8, 623
(weish. d. br.).

LIEBESANFODERUNG. gehorsamste liebesanfoderung an die herren ober-inspectores des gymnasii Augusti (*zu Weißenfels*).
CHR. WEISE notw. gedanken 108 (1672).

LIEBESANGEDENKEN.
 nicht unter schätze du's, nein über den geschenken,
 die ein verliebter nimmt zu liebesangedenken.
  RÜCKERT 8, 157.
 welch ein nagendes liebesangedenken.
  ebd. 1, 332.

LIEBESANKER.
 schaut, auf was grunde nun die liebesanker stehn.
  LOHENSTEIN Cleopatra 2, 432 (1661).
 willstu auf wahre treu den liebesanker gründen.
  NEUKIRCH 4, 48.

LIEBESANLOCKEND. die zähne waren
so wohl aneinander gefüget, und so weis,
daß kein mensch solche liebesanlokkende
kraft vertragen mochte. Zesen Ibrahim 1, 63
(1645). liebes-anlokkende macht *ebd.*
1, 599.

LIEBESANLOCKUNG. sie hätt' ihn dan
selbst durch tausenderlei liebes-anlokkungen in die waffen gebracht. Zesen Sofonisbe 315 (1647). sich mit allen liebesanlokkungen anstüllen. *ebd.* 567. so

muß man sich dan nuhn nicht verwundern, daß sich der Doris, welcher ein mänsch von großen tugenden und eines trüflichen verstandes waar, durch solche so mächtige liebes-anlokkungen bewägen ließ. ebd. Ibrahim 2, 497 (1645). so blieb er gleichwohl allen liebesanlockungen, allen bewegungen seines herzens, ja dem fleisch und blut zu trotz, in seiner tugend beständig. ebd. Assenat 135 (1670).

LIEBESANMUT.
laß uns eilen
und die liebesanmut teilen,
weil wir noch verborgen sind.
MENANTES allern. art. 456.

LIEBESANREGUNG.
wo ich nicht, beides in betrachtung meiner ehren und aus liebesanregung, darzu gezwungen würde. Zesen Ibrahim 2, 623 (1645).

LIEBESANSTALT.
viele Beguinenhöfe sind aus liebesanstalten für andere in bloße versorgungsanstalten für ältere frauen umgewandelt worden. FONTANE wanderungen 1³, 376.

LIEBESANSUCHUNG.
so sol sie befünden daß ich die märk-zeuchen seiner zuneugung nicht als liebesansuchung, sondern vielmehr als bezeugungen seiner freundschaft an- und auf-genommen. Zesen Ibrahim 3, 64 (1645).

LIEBESANTLITZ.
jener mond,
des liebesantlitz
du sahst im spiegel der wasser.
RÜCKERT 1, 581.

LIEBESANTRAG.
sein liebesantrag fand stets felsenharte herzen
STOPPE gedichte 2, 127 (1729).
ihr wollt euch seinen liebesantrag gefallen lassen. BRANTBERGER evang. zeugnisse der wahrheit 410, ähnlich ebd. 522 (vor 1758). daß Sylvester sich nicht erwehren konnte vor ihr stehen zu bleiben und sie mit einer sehnsucht zu betrachten die den beredtesten liebesantrag wert war. WIELAND 30, 330 (stein der weisen. 1786).
denn in diesem wonniglichen monate
geschehen liebesanträge früh und spate.
KORTUM Jobsiade 3, 45.

LIEBESANTWORT.
o blitzeslodern, felsenkühle,
o sturm und waldnacht, nehmt mich hin,
und wie ich ganz mich euer fühle,
gebt liebesantwort meinem sinn.
GEIBEL neue gedichte 16 (Fausts jugendgesang).

LIEBESVERWANDTSCHAFT. CHR. WEISE notw. gedanken 506 (1675).

LIEBESAPPETIT.
der mag sich in der welt
den liebesappetit nur bald vergehen lassen.
STOPPE gedichte 2, 199 (1729).

LIEBESARGWAHN.
s. v. a. eifersucht; vgl. liebeseifer und liebesverdacht.
er ställe sich zu friden und befahre sich nicht daß ich unwillig bin daß er einen liebesargwahn auf mich geworfen hat: ich weus wohl, ... daß der liebes-eifer ein gewüsses zeuchen einer stand-fästen liebe ist. ZESEN Ibrahim 4, 470 (1645).

LIEBESARGWÄHNISCH.
die Hipolito derer liebes-argwähnische und mistrauende gebuhrtsahrt ihr viel zu tuhn machte. ZESEN Ibrahim 2, 497; sie waar auch über das .... so liebes-argwähnisch und so eh-eifrig, daß sie die andern weiber nüben sich nicht erdulden konte. ebd. 2, 558. übrigens hat Zesen auch die damals längst übliche form mit ö: so wüsse sie dehmnach, daß ich libes-argwöhnisch bin. ebd. 4, 471.

LIEBESART.
der stier ist liebesart (im druck liebes Art)
OPITZ 1, 91.
ich erkenne dein gemüte
wie es alle liebesart
und die unbefleckte blüte
vor demselben liebsten spart, der u. s. w.
CHR. WEISE überfl. gedanken 8, 4 (1692).

LIEBESASCHE.
Gott Siwa gieng und trug den liebesbrand im blut;
die liebesasche lag und glomm in todesglut.
RÜCKERT 3, 267.

LIEBESAST.
der von reben oder eppich umschlungene und gleichsam geliebte ast der bäume.
und wenn sie wer zerbricht,
so weinen sie vor leid, daß sich ein teil entfernen
von liebesästen soll.
Lohensteins Venus bei NEUKIRCH 1, 280.

LIEBESATHEM.
daß alles himmels fülle ..
aus stein und fels und aus des baches wellen
entgegen mir mit liebesathem quille.
TIECK kaiser Oktavianus 436. vgl. liebesothem.
wie das gute und das schöne
und was wandelt himmelspfad,
sanfte tritte, sanfte töne,
zarten liebesathem hat.
E. M. ARNDT gedichte 600 (1854)
liebesathem auch KNAK zionsharfe ⁸ 3.

LIEBESÄTHER.
geh und sauge liebesäther,
sauge ganz dich voll und stark.
RÜCKERT 1, 386.
kann doch zum verräter
werden auch so gut der frost
wie der liebesäther ebd. 1, 600.
liebesäthersonnenmacht ebd. 2, 433.

LIEBESAU. NEUKIRCH 2, 293.
komm, folge mir zur liebesau
voll ewig grüner freuden.
LENAU gedichte 196.

LIEBESAUGENSALBE.
nie wird das auge schönheit schaun, zu dem du nicht mit liebes-augensalbe gehst.
RÜCKERT 5, 200.

LIEBESÄUGLEIN.
schaut si- ihn an halb abgewandt
mit liebeseuglein seuberlich.
ROLLENHAGEN froschm. H 6b = 1, 2, 3, 40 fg. Tittm.
*gedruckt ist in der von mir zugrunde gelegten
ausgabe von 1600:* mit liebes Euglein.
denn die blumen heben
gern die liebesäuglein
liebend zum lichte auf.
E. M. ARNDT gedichte 435.

LIEBESBACH. *f.*
der lippen rosenfeld erquickt ein feuchter kuß;
nichts kann die reinlichkeit der liebesbach
betrüben.
MÜHLPFORT hochzeitgedichte 60 (1674).

LIEBESBAHN.
ei, frisch gewagt ist halb gewonnen:
sprich deine liebste selber an,
weil sie, dein edles sonnenlicht,
die liebesbahn dir selber bricht.
GE. NEUMARK lustwäldchen 122 (1652).
lauft oftermals ein lummer hase
in eure wild- und liebesbahn.
NEUKIRCH 4, 350.
die königliche liebesbahn
schließt sich nicht in gemeine schranken.
ebd. 6, 45
nachdem man auf der schlüpfrigen liebesbahn
den ersten und schwersten schritt gethan.
KORTUM jobsiade 3, 47.
geistlich:
wenn bricht der liebe frühling an,
der uns auf sel'ger liebesbahn
zu reifen früchten zieht?
O. ARNOLD göttl. liebesf. 159 (1698).

LIEBESBALLEN. pl. *(die brüste).*
zieuober krönet milch auf ihren liebesballen.
LOHENSTEIN Ibrahim sultan 1, 332.

LIEBESBALSAM.
sie *(die liebste)* ist ein himmel ihm, der niemals blitzt
noch schneit,
doch unaufhörlich ihn mit liebesbalsam feuchtet.
LOHENSTEIN rosen 100,
anders NEUKIRCH 2, 4 (C. H. v. H.).

LIEBESBANGEN. *subst. n.*
er, unter allen siegern, blieb gefangen
allein zurück, versenkt in liebesbangen.
GRYPH rae. Roland 42, 29 = bd. 5, 106 (1828).
nachts flieht der schlummer stets ihr schlafgemach;
so hart wird sie gequält vom liebesbangen.
ebd. verl. Rol. 1, 5 15 = bd. 1, 120.

LIEBESBANN.
zu Köllen in dem dome
da kniet ein gottesmann:
herr. lös' uns unsern kaiser
aus seinem liebesbann.
WH. MÜLLER 1, 120.

LIEBESBAST. n.
wenn band und strick zerriß, sobald philister da,
so hielt das liebesbast der schlauen Delila.
H. W. v. LOGAU poetischer zeitvertreib 262 (1725).

LIEBESBAU.
die qual vermehrte sich und griff mir aller enden
mark, herz und adern an, die reue folgte nach
daß solche blödigkeit den liebesbau zerbrach.
GÜNTHER lebensbeschr. 80.

LIEBESBECHER.
im liebesbecher schwimmt das öl des ekels oben
den lippen, welche noch ihr zucker nicht geschmeckt.
LOHENSTEIN Ibrahim Sultan 2. 256 fg.
(der mai spricht:)
komm her zu mir, ich gebe dir zu trinken,
so viel du magst, mein treuer deutscher zecher,
aus meinem bodenlosen liebesbecher.
WH. MÜLLER 2, 6 (Florenz 1818).

LIEBESBEDIENUNG. weil er die Leonore
wahrhaftig liebete, so würkten alle seine liebesbezeugungen in ihrem härzen viel ein anders
als die falschen libesbedinungen des
Jannethins. ZESEN Ibrahim 3, 294 (1645).

LIEBESBEDÜRFNIS. DÜNTZER Göthes
lyr. gedichte 1, 146. D. F. STRAUSS Voltaire
118.

LIEBESBEET.
wenn deine augen sich wie frühlingssterne neigen
und thauen nichts als lust auf unser liebesbeet
(: wohl:). MÜHLPFORT hochzeitged. 46 (1671).

LIEBESBEGEBNIS. Elbianischer Flori-
bella liebesbegäbnisse *titel eines buches
von Joh. Jos. Beckh* Dresden 1667, *s. Gödeke
grundriß* 488, § 189, nr. 205.

LIEBESBEGEHREN. *subst. n.*
er *[der 'liebespostillon']* hieß Jürgen und war nun
in allen ehren
auch willig zu des jungen herrn liebesbegehren.
KORTUM Jobsiade 3, 78.

LIEBESBEGIERDE. mit vermehrung der
heiligen liebesbegierden. JOH.SCHEFFLER,
cherub. wandersmann vorrede 5 (*ausg. v.*
1675). alle brennende liebesbegierde
ausleschen und vertilgen. CHR. WEISE notw.
gedanken 615 (1675). meine liebe hat sich
mit ihren glaubensflügeln dahin erhoben, wo
keiner in der liebesbegierde betrogen
wird. *ebd.* 617.

LIEBESBEGINNEN.
der himmel weist sich selbst geneigt
und fördert williglich ihr keusches liebesbeginnen.
NEUKIRCH 3, 143.

LIEBESBEICHTE *wird als ein spiel er-
wähnt von* HARSDÖRFFER frauenz. gespr. 8, 417
(1649).

LIEBESBEKENNTNIS. der jungfer More
liebesbekenntnisse, *titel einer von G.
Arnold i. j. 1704 herausgegebenen schrift.*

LIEBESBERG.
schau, ach schau, der zuckerweet,
der nun ambra für die winde
aus den liebesbergen bläst.
NEUKIRCH 4, 111.

LIEBESBERGLEIN. ZESEN poetischer
rosenwälder vorschmack 33 (1642).

LIEBESBERUF.
wohl dem, der seinem liebsberufe
still und gehorsam folgen lernt.
CHRISTIAN WEISE überfl. ged. 10, 1 (1692).

LIEBESBESCHREIBUNG. keusche liebesbeschreibung von der ninfen Amoena Leipzig 1632 s. *Gödeke grundriß* 505, nr. 297. liebesbeschreibung Lysanders und Kalisten, *titel eines* i. j. *1650 erschienenen romans von* ZESEN.

LIEBESBETÖRUNG, *in der überschrift bei* RÜCKERT 6, 152.

LIEBESBEUTE.
küsst, ihr lippen, meinen freund;
er ist voller süßigkeiten!
augen, weint für freuden, weint
über solchen liebesbeuten.
BENJ. SCHMOLKE heil. liederflammen 174 (1702).

LIEBESBEWEGUNG. ich sähe einen solchen göttlichen blitz in allem seinem wäsen, daß ich es vohr unmüglich halte ihn ohn sonderliche liebesbewägung an zu schauen. ZESEN Ibrahim 1. 167. *später auch bei* Philander von der Linde (B. MENKE) galante gedichte, *correde*.

LIEBESBEZEIGUNG. solcher gestalt kam er vor den fürsten Seleuks, welcher ihn mit großer liebesbezeigung und höfligkeit entfing. ZESEN Sofon 245 (1647). aus ihren libesbezeigungen. aus der umhälsung und aus den küssen, welche mit trähnen geschahen. *ebd.* 565. mit äben derselbigen hüftigen libesbezeigung. *ebd.* 569. filen über seinen leib her und küsseten ihn, wiewohl er zu allen diesen libesbezeigungen ganz unentfündlich war. *ebd.* 650. sie ließ ihm alle libesbezeigungen, die eine mutter ihrem sohne bei dergleichen begäbenheiten leisten kan, widerüm spüren. *ebd.* 874.

LIEBESBEZEUGEN.
o tag voll wunderwerk, voll lust und liebesbezeugen.
ABSCHATZ geir. schäfer s. 108.

LIEBESBEZEUGUNG. denen wir alle herzliche liebsbezeugungen schuldig sein. ZESEN Ibrahim I, 14 (1645). in wärender diser chrsten libesbezeugung. ZESEN Sofon. 57. nachdem sie nun einander mit solchen liebesbezeugungen gewilkommet hatten. *ebd.* 393. auch muß ich euch bekönnen, daß er mit allen seinen libesbezeugungen so viel bei mir zu wege brachte, daß ich ihm widerüm gleiche gegenlibe bewise. *ebd.* 794. erstlich wolte sie durch die allersinlichste liebesbezeugungen in ihrem cheliebsten ein so festes vertrauen zu ihrer tugend erwecken, daß u. s. w. ZESEN Assenat 101. mit allerhand herzlichen liebsbezeugungen. GRIMMELSHAUSEN Trutzsimplex (Courage) 4 = simpl. schr. 1, 5. 21 (Tittm.). die höchst geschätzte und annehmliche liebesbezeugung. CHR. WEISE notw. gedanken 612 (1675).

LIEBESBILD. 1. *bild der Charitas.*

als wie ein liebesbild
mit einem kind im arm in himmel aufgenommen.
NEUKIRCH 2, 267.
in einem grabgedicht; dazu die anmerkung: 'es ist bekannt daß die Charitas oder das bild der liebe mit dreien kindern und das eine am arm haltend, gemalet wird'. 2. *allgemeiner:*
und hold in blauer tiefe lacht
das zarte liebesbild, das bild der goldnen sterne.
E. SCHULZE Cäcilie 2, 29.
und die holden liebesbilder
zaubert neu der neue schmerz.
E. M. ARNDT gedichte 384 (1835).

LIEBESBISSEN. II. W. v. LOGAU 124 (1725).
auch forscht man nach dem liebesbissen,
der auf der folo jungem haupt sich blüht,
dem zahn des mutterpferds entrissen.
SCHILLER Dido 94 (Gōd. 6, 410). s Vergil. Aen. 4, 515 fg.

LIEBESBISZ.
die schlangen töten sich durch brünstige liebesbisse.
LOHENSTEIN rosen 94.

LIEBESBLATT *wird* 1725 *bei* NEUKIRCH 7, 130 *das blatt genannt, auf dem ein hochzeitsgedicht steht.*

LIEBESBLENDUNG.
ich bitte, siehe doch des königes beginnen
mit augen der vernunft ohn liebesblendung an.
NEUKIRCH 3, 35.

LIEBESBLICKEN. *subst.*
giebt sie dir ein liebesblicken
gib ihr zu verstehn
mit dem handkuß' oder drücken
daß du's hast gesehn.
GR. NEUMARK lustwäldchen 94 (1652).
die schäfrin wust' ihr liebesblikken
mit einer keuschen heimlichkeit
dem Filidoren zuzuschikken.
ebd. 122.

LIEBESBLICKEND. ich mus bekännen, daß ich niemals eine solche liebesblikkende hoheit gesähen habe als an diesem fürsten. ZESEN Ibrahim 2, 157.

LIEBESBLITZ.
wenn liebesplitze gehn von schönen augenliedern.
MÜHLPFORT hochzeitgedichte 29 (1685).
ein die ganze welt durchdringend liebesblitz.
LOHENSTEIN Ibrahim Sultan 1, 52.
aus diesen wolken wird der liebesblitz gesämet.
LOHENSTEIN rosen 58.
die Venus aber schlug mit lauter liebesblitze
und pfeilen ihrer brunst auf ihrem demantsitze
durch himmel und meer.
LOHENSTEINS Venus bei NEUKIRCH 1, 254.
er [*der ton von* 'Claras zaubermund'] zuckt wie liebesblitze in den wellen.
TIECK gedichte 2, 29.
in anderem bilde bei IMMERMANN Tristan 28.

LIEBESBLITZELND. daß sie liebesblizlende augen und eine liebliche ahrt an sich hätte. ZESEN Ibrahim 1, 333 (1645).

in einem so liebesblizlenden orte waar es unmöglich, daß einen die liebe nicht hätte verlezzen mögen. *ebd.* 499 (1645).

LIEBESBLUME.
auch des Satyrions kraftreiche liebesblumen.
　　　　　　　　　　LOHENSTEIN rosen 91.
　rose, liebste mädchenblume,
　liebesblume, süße rose.
　TIECK kaiser Oktavianus 323 (ähnlich 324, 327)
　noch nicht war die liebesblume
　lebend, meine süße rose.
　　　　　　　　　　　　　　ebd. 328.
blüh auf, du liebesblum' um ihr zu sagen,
wie sie mein heiligstes in lust und schmerzen.
　　　　　　　　TIECK gedichte 1, 219.
　wo aus des thaues tränke
　blühn liebesblumen, die zarten.
　　　　　　　　　　RÜCKERT 2, 514.
o freundin, oder wie soll ich dich nennen?
von der ich diese liebesblum' empfangen
　　　　　　　　　　　　　　ebd. 3, 183.
ich will in lauter liebesblumen sprießen
in lauter lieb' empor zum himmel treiben.
　　　　　　　　　　　　　　ebd. 5, 93.

LIEBESBLUMENRING.
　daß ich dich faßle ganz
　mit liebesblumenringen.
　A. v. DROSTE-HÜLSHOFF 3, 49 (geistl. jahr).

LIEBESBLUT.
　rose, die du dort geboren!
　ach, wie ist ein liebesblut
　das gefilde, wann du oben
　an gesträuchen blühend dichte
　wankst und zitterst mit den knospen.
　　　　　　　TIECK kaiser Oktavianus 323.

LIEBESBOTSCHAFT. auf meine ehre, eine liebesbotschaft. SHAKESPEARE kaufmann von Venedig 2, 4.

LIEBESBRAUCH.
　der D...
　vom lieben entzündet,
　die flammen zusammen, nach liebesbrauch.
　　　　　ZESEN Helikon 2, 132 (ausg. v. 1656).
　mit dem ich jung nach liebesbrauch
　mich brüderlich verschworen.
　　　　　　　　　　　SIMON DACH 768.

LIEBESBRONN(EN).
　neues leben hat begonnen,
　jung und schön und wunderbar;
　all die alten liebesbronnen
　fließen auch noch süß und klar.
　SCHENKENDORF 228 (weihnachtslieder 1816).
　so steht ein liebesbronnen
　mir offen für und für.
　　　　　KNAK zionsharfe ² 161 (1848).

LIEBESBRUDER. die Venus und die schar der kleinen liebesbrüder. MÜLLPFORT leichengedichte 99 (1671).

LIEBESBRUNN (-EN).
　was aus meines Jesu brust
　durch die wunden ist geronnen
　das sind meine liebesbrunnen.
　BENJ. SCHMOLKE heil. liederflammen 76 (1709).

LIEBESBÜHNE.
　so wird die liebesbühne
　ein schauplatz bittrer pein.
　　　　　H. W. v. LOGAU 256 (1725).

LIEBESBÜNDNIS.
　kein liebesbündnis wird erzwungen.
　　　　　　　　MESANTES ellern. art 389.
in anderweitigen liebesbündnissen. J. G. MÜLLER Emmerich 6, 322 (1788); *ebd.* 492.

LIEBESBÜRDE.
　die süße liebesbürde.
　NEUKIRCH 2, 307 (gemeint ist das empfangene kind).
　wo man sich noch
　ein ander joch
　zu ihrer liebesbürd' und pflag
　auf seine schultern binden mag.
　　　　　　　ZINZENDORF 53 (1722).

LIEBESBUSEN.
　sieh, wie unser liebesbusen
　ewig hin zur sonne kreist.
　E. M. ARNDT gedichte 124 (blumengespräch 1807).

LIEBESBUSZE. NEUKIRCH 5, 10.

LIEBESCABINET. titel eines Bohseschen romans aus dem jahre 1685. siehe GÖDEKE grundriß 510, 317. 1. *als beispiel der mit recht schon früh übel berufenen verehrung des 'seitenhölchens' sei hier angemerkt:*
　die rubinen-pforte geht
　in das liebescabinet.
　LINDNER deutsche gedichte 25 (aus d. j. 1740).

LIEBSCASTELL. PHILANDER v. d. LINDE scherzh. gedichte 121 (1696).

LIEBESCORRESPONDENZ. KORTUM Jobsiade 3, 83 *(überschrift).*

LIEBESDANK.
　aber nicht ton und klang
　klinget es aus:
　liebe und liebesdank
　spricht sich nicht aus.
　　　E. M. ARNDT gedichte 143 (1800).
　sich christlich erst bereiten muß
　mit liebesdank und liebesgruß,
　muß sehen, wie die sterne blinken
　und noch den odem Gottes trinken.
　　　　　　　ebd. 446 (abendgebet).

LIEBESDENKMAL. das zwiefache liebesdenkmal Gottes. *überschrift bei* KNAK zionsharfe³ 34.

LIEBESDICHTER. DÜNZER Göthes lyr. gedichte 3, 78 *(zu den röm. elegien).*

LIEBESDICHTUNG. die Franzosen kannten fast nur eine ziemlich gemütsarme liebesdichtung. WACKERNAGEL litteraturgesch.² 299. Erato, die muse der liebesdichtung. DÜNTZER zu Göthes Hermann und Dorothea ² 143.

LIEBESDIEBIN.
　du gauklerin, du blütenwurm
　du liebesdiebin.
　　　SHAKESPEARE sommernachtstr. 3, 2.

LIEBESDIEBSTAHL.
ich wil bei Venus selbst den liebesdiebstahl
　　　　　　　　　　　　　　　　wagen.
　　　　　　　　SCHOTTELIUS 1011.

LIEBESDING.
es schien als wolt es mir in diesen liebesdingen
was die gelegenheit betrifft, noch ziemlich wol gelingen.
NEUKIRCH 4, 58.

LIEBESDOCHT.
die schönheit spricht:
ja meines feuers krafti st schwerlich zu ergründen,
nachdem so gar mein rauch kan liebestacht
anzünden.
LOHENSTEIN rosen 69.

ja wo kein andres öl in Venus ampeln rinnt,
zerschmelzt, frirt, tilgt und raubt zeit, krankheit,
kummer, bahre
(wovon die jugend doch ihr liebestacht meist
spinnt)
schnee, perlen, rosen, gold, an schooß, brust,
mund und haare.
ebd. 83.

LIEBESDORN. *durchbohrender liebesschmerz.*
wenn ein verliebter blick das tolle reizen fühlet
und wenn der liebesdorn das lüsten-herz
durchsticht.
MÜHLPFORT hochzeitgedichte 7 (1658).
lüsten-herz *wäre also das von lüsten
eingenommene herz, sachlich nicht viel
anders als das lüsterne herz.*

LIEBESDRAHT. *scheint druckfehler für*
lobensdraht *bei* MENANTES allern. art
178:
eh das gift der ungeduld
mir den liebesdraht verkürzet.

LIEBESDROHEN.
aber vor dem liebesdrohen
wirst du nicht erbangen,
Semele, wenn du den hohen
gatten willst empfangen.
RÜCKERT 2, 321.

LIEBESDRUCK. NEUKIRCH 5, 122.
fühlt' ich des geliebten hand doch,
seinen liebesdruck, den stummen
kuß. TIECK kaiser Oktavianus 370.
beweglich wie ein kind, erwidernd liebesdruck.
GÖTHE 10, 366 (Pandora).

LIEBESDUMPFHEIT.
[ich] leb' in liebes-klarheit und kraft,
thut mir wohl des herren nachbarschaft,
der in liebes-dumpfheit und kraft
hinlebt.
GÖTHE 3, 90 (1777). STREHLKE *zu* 3, 89 *führt zur
vergleichung aus Göthes briefen an frau von Stein
1, 55 den schluß an:* in liebevoller dumpfheit
der Ihrige.

LIEBESDUNST.
der liebesdunst verschwindet
der uns umnebelt hielt, durch den erneuten
glanz
der würkenden vernunft.
LOHENSTEIN Ibrahim Bassa 3, 278 ff.

LIEBESECHO.
so fand ich sehnsucht, lieb' in steinesklüften,
ein träumend liebesecho selbst in grüften,
in wald, berg, thal und fluß meine genossen.
TIECK gedichte 1, 204.

LIEBESEDELSTEIN.
mehr noch als rubinen
in Badachschans minen
gibt es schön' und feine
liebesedelsteine
in der stadt Schiras.
RÜCKERT 5, 289 (östl. rosen).

LIEBESEIFERND. sie würde ihnen gewis mit liebeseifernden freudenblikken begegnet haben. ZESEN Assenat 180.

LIEBESEIFRIG. ihr liobes-eifriger
verdacht (*d. h. eifersucht*) hat mier ihre liebe
am meisten zu erkännen gegäben. ZESEN
Ibrahim 1, 511 (1645). und begunte den
Ibrahim, aus einer liebes-eifrigen und
schählsichtigen ahrt, was fräundlicher an zu
sprächchen. ebd. 2, 608. weil ich schon sahe,
daß der Kleomedes begunte schählsichtig und
libes-eifrig zu wärden. ZESEN Sofon.
229.

LIEBESEINDRUCK.
so schwacher liebeseindruck gleicht dem bild
in ein geschnitten (this weak impress of love).
SHAKESPEARE zwei Veroneser 3, 2.

LIEBESEINTRITT. CHR. WEISE notw.
gedanken 476.

LIEBESEINVERLEIBUNG. *überschrift
bei* RÜCKERT 5, 284.

LIEBESEIS.
ich lob' ein schönes buch für alle lustbarkeiten,
die auf dem liebeseis uns zum verderben leiten.
H. W. v. LOGAU poet. zeitvertreib 201.

LIEBESEMPFINDUNG. vergnügliche
liebesempfindung. CHR. WEISE notw.
gedanken 681 (1675).

LIEBESENGEL.
1. *liebesgott, bes. im pl. liebesgötter*
so sprach sie, und drauf kam der liebesengel schar.
MÜHLPFORT hochzeitged. 6 (1658).
als sich bei ihr [*der Venus*] die liebesengel funden
und jede gratie zu dienen war bereit.
ebd. 59 (1674).
so sah man auch die luft die liebesengel fällen.
ebd. 68 (1675).
eh noch Cupido schleust, kommt wie ein bienenschwarm
ein ungezählte zahl von allen liebesengeln.
ebd. 88 (1676).
der himmel wimmelt ganz von tausend liebesengeln.
ebd. 101 (1678).
im augenblick betrat ein jungfernbild die schwelle,
um die in vollem schwarm der liebesengel chor
behäglich sich gesellt.
ebd. 122 (1619).
der liebesengel schar
die als ein bienenschwarm um ihre göttin war
NEUKIRCH 4, 180 (C. II v. H.) *rgl. die vierte stelle
aus Mühlpfort, dann auch* J. U. K. (1715) *bei* NEUKIRCH 7, 115, 117.
ein jedes blatt auf ihrem stengel
beschämt den jüngsten liebesengel.
GÜNTHER 179.

o, ihr liebesengel, rühret
euch das flehn der liebenden,
o, so steigt herab und führet
mich zu meiner heiligen.
                MILLER Siegwart 3, 587 fg.

2. die geliebte person.
so wird ihm neue kraft erwecket.
wenn ihn sein liebesengel küßt.
    MÜHLPFORT hochzeitged. 132 (1680).
schlaf, liebesengel!
         TIECK kaiser Oktavianus 301

LIEBESENTZÜCKEND. sie hatte auch einen adieu hooch-muht, welcher ihre spahrsame freundlichen anblikke so liebesentzükkend machte. daß sie nuhr mit einem winke ihrer funklenden augen einen viel häftiger bewägen konte. als alle die andern mit ihren so vielen tausend-künstlerischen liebelungen. ZESEN Sofonisbe.

LIEBESEPISTEL. (Götho 20, 155, 160; 21, 7. *hier ist das halbfremde wort recht bezeichnend gesetzt; die jungen leute in Frankfurt bitten Göthen einen* liebesbrief *aufzusetzen; er selbst nennt den unwahre schreiben eine* liebespistel *wie er 20, 161 von einem* 'leichenkarmen' *redet.*

LIEBESERBARMEN.
liebe, die aus liebserbarmen
mich zuletzt in höchster huld
ihrem vater überlassen.
Joh. SCHEFFLER in str. 4 des liedes 'o du liebe meiner liebe'.

LIEBESERFÜLLUNG. hochfürstliche liebeserfüllung *(d. h. glücklich zustande gekommene hochzeit eines fürstl. paares)* CHR. WEISE notw. gedanken 15 (1673).

LIEBESERNST.
die dem Immanuel
zur magd erkaufte seel
eilt aus der wüsten ihrer stille,
steigt auf nach geistesbrauch
als ein gerader rauch,
ihr liebesernst sieht in der fülle.
         ZINZENDORF 147 (1726).
soll mich ein irrweg reun, der mich geführt zum
                                          ziel?
dem liebesernste sei versiehn mein scherz-
                                     vorspiel
                    RÜCKERT 7, 153.

LIEBESERNTE. überschrift bei NEUKIRCH 6, 74.

LIEBESERWEISUNG. die sonderbare gnade und liebeserweisung. CHR. WEISE notw. gedanken 449 (1675). gnade und liebeserweisung *ebd.* 478. unschätzbare liebeserweisungen *ebd.* 496. die letzte liebeserweisung *(vom begräbnis, wie sonst* liebesdienst) *ebd.* 626.

LIEBESERZEIGUNG. sol ich mich nuhn dieser guht-that nicht erinnern, sie dankbarlich erkännen und ihr davohr alle mügliche liebes-erzeugung wiederfahren laßen? ZESEN Ibrahim 1, 31 (1645).

LIEBESEVANGELIUM.
dein liebesevangelium
zu predigen der welt,
hast du mich nicht erschaffen stumm.
         RÜCKERT 1, 390.

LIEBESEXEMPEL = *beispiel oder beweis von liebe.* ZINZENDORF 209 (1728).

LIEBESFABEL. die eingeflochtene mit heißer leidenschaft ausgeführte liebesfabel. BARTHEL nationallit. d. neuz.[9] 675.

LIEBESFADEN. durch der Ariadnen liebesfaden. BESSER 357 (1689).
dein liebesfaden ward mit weh und angst
                                  gewebt,
mit schmerzen wird er nun auch wieder abge-
                                  schnitten.
         NEUKIRCH 1, 74.
wann wirst du heften mit liebesfäden,
was mir am herzen zerriß die trennung?
         RÜCKERT 6, 100.

LIEBESFÄHIG.
allein mit künstlerblick, mit liebesfäh'gem auge
sieh recht die beiden an.
         RÜCKERT 8, 509.

LIEBESFÄHIGKEIT. er [Fr. Schlegel] bildet sich ein, eine heiße unendliche liebesfähigkeit mit einem entsetzlichen witz zu vereinigen. SCHILLER an Götho briefw. 5, 114 *der alten ausgabe,* s. Koberstein litgesch. 2432 anm. 15.

LIEBESFAHNE.
am oberdeckel war durch künstlers hand gegraben
wie viel der liebesfahn den eid geleistet haben.
         NEUKIRCH 2, 152.
wer einmal recht zur liebesfahne schwört,
wird weder durch gefahr noch sicherheit bethört.
         MENANTES allern. art 196.

LIEBESFAHRT. *überschrift bei* RÜCKERT 6, 296.

LIEBESFALL.
ihre zier
will einig mir
sich in allen liebesfällen
zu gebote stellen.
         SIMON DACH 437 (1630).
[satyrn] die schier ietweden tag beflecken unsre
                                  quellen
durch ein nicht rein geschwätz von geilen
                                liebesfällen.
A. GRYPHIUS *schwärmender schäfer* 3, 135 *bei Palm* s. 393.

LIEBESFALL. indehm ich .. den durchleüchtigsten Ibrahim und die stand-fäste Isabelle als zwey verliebte menschen-bilder in deiner helden-sprache von ihren liebesfällen zu räden gelährt. ZESEN Ibrahim 1. 5 (schuzrede an die unüberwündlichste Deutschinne) 1645. weil er sahe, daß sich diese junge schöne selbst darzu anbot und ihn noch bat, ihre liebesfälle zu hören, so wolt' er ihrem begehren aus höflichkeit folge leisten. ZESEN Sofonisbe 566 (1647).

LIEBESFANTASIE.
das opiat
der liebesfantasie.
WIELAND 21, 315 (Klelia und Sinibald).
rausche nur, du stiller bach;
schöne liebesfantasieen
sprechen in den melodieen,
zarte träume schwimmen nach.
TIECK gedichte 53

LIEBESFANZ — FANZE, pl. liebesfanzen s. r. a. *liebesfratzen, liebesgeckereien*, weil aber diese meine geringe arbeit nicht von törichten liebesfanzen handelt. HARSDÖRFFER frauenz. gesprächsp. 4, 32 (1644).

LIEBESFARBE.
dieser trinkt des himmels licht sich zur verfinsterung;
jener
trinkts, daß er sich rosengleich in liebesfarben
kleide.
RÜCKERT 5, 210.

LIEBESFEHLER.
verliebte können nicht von liebesfehlern richten.
NEUKIRCH 205.

LIEBESFELD.
deiner wangen liebesfelder
scheinen lauter fleisch und blut.
GR. NEUMARK lustwäldchen 66 (1652).
dann bei NEUKIRCH 1, 205.

LIEBESFITTIG. beschwingt mit liebesfittig. SHAKESPEARE zwei Veroneser 2, 7.

LIEBESFLAGGE.
so zärtlich wird auch bald der west
in unsre liebesflagge blasen.
GÜNTHER 327.

LIEBESFLEHN.
schwach war ihr geist, doch stark ihr liebesflehn.
BYRON 5, 176 (Don Juan 6).

LIEBESFLEISZ.
mit schlauem liebesfleiß.
BOJARDO verl. Roland übers. r. Gries
1, 22, 28 = 2. teil 5, 136.

LIEBESFLIRRE.
nach bestem können
gab er die feinsten liedchen her,
und novellettchen, liebesflirren,
die süß um durst'ge obren girren.
IMMERMANN Tristan 154.

LIEBESFLOR.
was ist, das ich verlor? wenn solch ein liebesflor
nun eine stelle schmückt, mir öd und leer zuvor.
RÜCKERT 8, 531 *(beim anblick der blumengeschmückten gräber seiner angehörigen).*

LIEBESFLÖTE.
so erniedrigt euch nicht selbst, poeten,
daß ihr euch zu liebesflöten dämpft!
Gott hat euch gemacht zu schlachttrometen;
blast der schlacht vor, die für's licht sich kämpft!
RÜCKERT 7, 5.
in der tasche trag ich Göthe,
denn das zauberspiel gelang,
der mit weicher liebesflöte
durch das herz der schöpfung drang.
ebd. 7, 68.

LIEBESFLUG.
alle wolken folgten glänzend unserm sel'gen
liebesflug;
unerreichbar, unvergleichbar war wohl der
vermählungszug.
L. v. PLÖNNIES die welle bei Schenckel-Pakdamne
3, 43.

LIEBESFLUR. *in gezwungenem bilde für das abstractum* liebe. NEUKIRCH 4, 130.

LIEBESFLUSZ.
solcher massen war gesonnen
der berühmte Floridan,
daß ihm lieber jener bronnen,
der aus Ossens klippen rann,
als Zytherons trübe güsse
oder Idens liebesflüsse.
(GR. NEUMARK lustwäldchen 103 (1652).
Jehova warist wird ein ewig liebesfluß.
QUIRIN KUHLMANN bei Wackernagel lesebuch 2² 560 (1681).
dasselbe wort kehrt in demselben gedicht immer wieder, reimend auf liebesguß *und* liebeskuß; *schliesslich bildet* Kuhlmann a. a. o. 507 *das wort* liebesflußgußkuß *(gedruckt* Libes-flus-gus-kus).

LIEBESFLUT.
kaum mochte der baron zum fluß gelangen,
da ward sein antlitz rot wie rosenglut;
verwandelt ward sein sinn bis zum verlangen,
rasch sich zu stürzen in die liebesflut.
GRIES verl. Rol. 3, 7, 32 = 4. teil s. 333.

LIEBESFORST.
aus diesem liebesforst da sollen früchte steigen.
NEUKIRCH 4, 211 *in einem hochzeitsgedichte; gezwungene anspielung auf den namen Förster.*

LIEBESFRAGEN. ohne die rosen können die dörner nichts als kratzen, wie die kützlichen liebesfragen ohne reifen verstand. HARSDÖRFFER frauenz. gesprächsp. 1, anhang nr. 21. ebd. 1, 130—134.
laß die blätter zangen spitzen, liebesfragen
auf der flur
zu verhandeln.
RÜCKERT 5, 204.

LIEBESFREUNDSCHAFT. die seelen, welche sich in stete liebesfreundschaft verknüpfet haben. CHR. WEISE notw. gedanken 653 (1673).

LIEBESFRIEDEN.
vielleicht .. hat dir das glück noch schönen preis
beschieden,
daß dir aus unruh selbst entkeime ruh,
dem schlachtgewühl ein süßer liebesfrieden.
A. v. DROSTE-HÜLSHOFF 2, 227 (Walther).

LIEBESFUNKELN.
ich schwör's beim liebesfunkeln dieser kerze.
RÜCKERT 3, 154 *(edelstein und perle).*

LIEBESFÜRSTIN. *von der* Venus, *vergl.* liebeskönigin.
wo vor in ihrer ruh die liebesfürstin saß,
da hat die Flora itzt ihr bilderwerk gestellet.
MÜHLPFORT hochzeitged. 150 (1681).

LIEBESGANG.
wo er [*der mond*] mit seinem lieberglühten kerne
auf meinen liebesgängen mich geleitet.
  RÜCKERT 1, 310.
LIEBESGARN. darüm versuchte er noch
einmal mit glimpfe sich aus diesem liebes-
garne zu wükeln. ZESEN Assenat 125. da
vermeinte sie ihn durch alle diese wohllüstige
augenweide in ihr liebesgarn oder auf
ihren liebeskloben zu lokken. *ebd.* 133.
  ins liebesgarn zu schlüssen.
    LOHENSTEIN Sophonisbe 2, 308 (1665).
  der augen liebesgarn sind die verbuhlten blicke.
    LOHENSTEIN rosen 102.
  es pflückt die zarte hand je länger und je
                                      lieber,
  den frischen augentrost, und was bald gegen-
                                      über
  vergiß mein nicht aufblüht; hat nach des himmels
                                      schluß
  liebstöckel unvermischt mit ehrenpreis um-
                                      wunden,
  und nutzbar frauenhaar zum liebesgarn ge-
                                      funden
    MÜHLPFORT hochzeitged. 96 (1677).
  ists nicht wahr, daß euer schönheitsspiegel
  sei euer liebesgarn, der buhler herzensangel?
    NEUKIRCH 4, 190 (D. C. v. L.).
*doch fehlt diese stelle in dem entsprechenden
gedichte unter Lohensteins rosen; s. zu* liebesader.
LIEBESGARTEN.
  setzt den liebesgarten ein,
  daß ihr stets mögt fruchtbar seir.
    OPITZ 2, 73.
  auf, wirf napel in liebesgarten ein!
    LOHENSTEIN Sophon. abe 3, 435.
  aus diesem samen sei das unkraut böser lust,
  das schädliche napell in liebesgarten kommen.
    LOHENSTEIN rosen 104.
vgl. auch Menantes allern. art 196. *als überschrift bei* Anast. Grün *s.* 20.
LIEBESGAST.
dieser kleine liebesgast (*ein liebesbrief*).
PHILANDER V. D. LINDE scherzh ged 156 (1692).
  ich weiß nicht, wars, weil jeder liebesgast
  zum abschied stets nach einem zweiglein langte,
  daß ich ward kahl.
    RÜCKERT 3, 106 (*der baum der liebe*).
LIEBESGAUL. NEUKIRCH 4, 332. *wohl
so viel als* schlechtes weibsbild, *vergl.*
nickel 3 *in Weigands wörterbuch.*
LIEBESGEBOT.
ihr habet mich gespeist, getränkt, besucht in not,
bekleidet und bedeckt nach meinem liebesgebot.
  JOH. SCHEFFLER cherub. wandersm. 5, 8 s. 231
    (Olatz 1675).
  wer seine liebesgebot
  hat und hält sie, der ists der ihn liebet.
    G. ARNOLD göttl. liebesfunken 270 (1698).
LIEBESGEBÜSCH. liebsgepüsche.
NEUKIRCH 4, 22.
LIEBESGECK.
wie wenn ein liebesgeck das welke haupt ver-
                                      stecket
in einen wald von haar.
  BODMER (1738) *bei* Oddeke elf bücher 1, 544 a.

ein beleg aus Arnims schaubühne *in dem
wörterb.* 3, 45 *unter dem worte* chekrüppel.
LIEBESGEFALLEN. niemand schauet
es sonder liebsgefallen. HARSDÖRFFER
frauenz. gespr. 5, 47 (1645).
LIEBESGEFANGEN.
  hier leg ich meine freiheit hin,
  weil ich ihr liebsgefangner bin.
    MÜHLPFORT vermischte gedichte 7.
  denn folterst erst der wurm den liebsgefangnen
                                      geist.
  ebd. 25, wieder abgedruckt *bei* NEUKIRCH 1, 356.
LIEBESGEFLÜSTER. *überschrift bei*
ARNDT gedichte 105 (um 1804).
LIEBESGEGENWART. *überschrift bei*
TIECK gedichte 2, 198.
LIEBESGEHEIMNIS. MENANTES allern.
art 106. ich weiß daß ihr [*mädchen*] das
liebesgeheimnis des stoikers erratet.
HIPPEL eho 159 *ausg. v.* 1872 (Brenning).
LIEBESGEIGE.
  die grille dreht geschwind das bäuchen um
  streicht an des taues kolophonium
  und spielt so schäferlich die liebesgeige.
    A. v. DROSTE-HÜLSHOFF 1, 82 (*die lerche*).
LIEBESGEIST.
  als ich in ihrem arm oft warm gebunden lag
  und ließ in einem hauch die liebesgeister
                                      dringen.
    MÜHLPFORT 2, 47.
  ob der liebesgeist,
  die süße seelenbraut, sonst zwar am allermeist
  der jugend sich vermählt.
    LOHENSTEIN Venus *bei* Neukirch 1, 279.
    ZINZENDORF 58 (1722).
  ihr heuchler, müsst es nicht vergönnen,
  daß man euch unempfindlich heist,
  erlaubet uns, euch recht zu kennen,
  so kennt man euren liebesgeist.
    HAGEDORN oden und lieder 62 (Hamburg 1747).
  eine pistol' her!.. nein, bohr' mir lieber ein loch
  daß heraus kann der garstige liebesgeist!
    MALER MÜLLER 1, 147 (*das nußkernen*).
  dieses sehnende verlangen
  hat vom liebesgeist empfangen
  und die welt als lieb gewonnen.
    TIECK kaiser Oktavianus 397.
  die liebesgeister, die in ruhe schliefen.
    ebd. 408.
  aber drinn sieht man das herze,
  das die ganze welt erlabet,
  und der liebesgeist die flügel
  lauter schwinget im gesange. *ebd.* 163.
  ein liebesgeist auf unsern zungen strebte,
  der in dem balsam jedes wort ertränkte,
  was nicht als lieb' in unsrer seele lebte.
    TIECK gedichte 1, 236.
  liebesgeister, weggeleitet! werdet ihr Haßen
  bald zur stillen heimat leiten aus dem braus der
                                      fremde?
    RÜCKERT 5, 263.
ein kleiner liebesgeist (*als allegorische person*).
H. W. v. LOGAU poet. seitvertr. 104, 165, 107 u. 5.
(1725).

LIEBESGEKOSE.
liebesgekose
der nachtigall, du wachst all-in und klagest
dem ohr der nacht, daß schlummert deine rose.
RÜCKERT 5, 112.
aus freuden bin ich aufgeblüht
gleich einer maienrose,
als mir erinnerung ins gemüt
kam an dein liebesgekose.
ebd. 5, 354.
da wähn ich, liebsgekose neckt die schulter mir.
TIECK däumling 1, 2 (1811).
ein lieb'sgekose
GRIES verl Rol. 1, 9, 2 = 1. teil, 214.

LIEBESGEMÄLDE.
ihr göttliches liebesgemälde vollenden.
WIELAND 21, 6 (*prolog zu* liebe um liebe).

LIEBESGEMERK. die trähnen der Leoniden, die seufzer, die räden, die liebesgemärke, und der wehmuht welchen si über das andäuken des Oktabus gehabt hat. ZESEN Ibrahim 2, 465 (1645).

LIEBESGENEUGENHEIT. *s. v. a.* liebesgeneigtheit. die führsorge des Mustaffa, die annähmlichkeit der Sarraide und des Giangirs ehrendienstliche liebes-geneugenheit muchten, daß wir unser elend wohl ertragen mochten. ZESEN Ibrahim 2, 126 (1645). *auch sonst hat Zesen mehrfach* geneugenheit *statt* geneigtheit.

LIEBESGERICHTSHOF. *s. v. a.* liebeshof, *von Wieland* 24, 303 *auch bezeichnet als* gerichtshof für liebessachen. was unstreitig das abenteuerliche dieser ritterlichen und romantischen zeiten am stärksten schildert, ist der umstand, daß sogar päpste die liebesgerichtshöfe in ihren schutz nahmen. WIELAND 24, 308 (Aspasia).

LIEBESGERÜSTE auch liebsgerüste *(von der weibl. brust)* NEUKIRCH 4, 12, 104, 111.

LIEBESGESÄUSEL.
schlängelein schillert,
lispelt und trillert
liebesgesäusel.
E. M. ARNDT 349 (1817).

LIEBESGESCHICK. hatte er ja sein eigenstes seltsames liebesgeschick in ihm [*dem roman Werther*] niedergelegt. DÜNTZER Göthes lyr. gedichte 1, 99.

LIEBESGESCHREI.
mein engel, du kanst mich erretten,
höre doch endlich mein liebesgeschrei.
NEUKIRCH 1, 403.

LIEBESGESCHWÄTZ. sie würden, was ich hier schreiben könnte, für liebesgeschwätz halten. HERMES für töchter edler herkunft 2, 253 (1781).

LIEBESGESETZ.
ja das urälteste liebesgesetze
widmet den lippen das küssen.
NEUKIRCH 1, 299.

LIEBESGESICHT. bethränte liebesgesichter. CHR. GRYPHIUS poet. wälder 587 (1698).

LIEBESGESTADE.
liebesgestade,
selige ruh,
schwierige pfade
führen dazu.
RÜCKERT 5, 349 (östl. rosen).

LIEBESGEWALT.
und ob mein liebster zwar in heißer liebesgewalt
mich tausendmal geküst.
NEUKIRCH 1, 236.

LIEBESGEWOGENHEIT. so liessen sie doch einander die liebesgewogenheit und freundschaft, die sie unter sich pflogen, genugsam blikken. ZESEN Ibrahim 2, 598 (1645). ich erkenne die mütterliche vorsorge und die treugemeinte liebesgewogenheit gegen mich mit schuldig- und kindlicher danksagung. HARSDÖRFFER frauenz. gespr. 5, 389 (1645).

LIEBESGEZÄNK.
und die gewäschigen liebesgezänke
sind den vereinigten herzen lustränke.
NEUKIRCH 1, 301.

LIEBESGIER.
den rittern, die mit liebesgier
sie küßten.
IMMERMANN Tristan und Isolde 180.

LIEBESGLANZ. was ist das leben ohne liebesglanz? SCHILLER Wallensteins tod 4, 12. *hier rächt sich die verachtung Campes; denn dieser hat die stelle schon. übrigens ist das wort ja keineswegs selten, vergl.*:
sieh (biene) mich zum lenz, zu seiner lust,
und mache mir mit liebesglanz
die trüben augen klar.
E. M. ARNDT gedichte 112 (die biene u. d. lenz 1805).
o liebesglanz, o lebensmorgen,
o wunderbarer gottesschein. *ebd.* 494.
o licht der lichter, bild der bilder,
o gottesglanz, du liebesglanz,
du stiller, treuer, frommer, milder,
erleuchte mir die seele ganz.
ebd. 500 (Jesusgebet).
könig der bürger du,
wink uns den beifall zu,
heiligen haupt —
schimmert in liebesglanz.
SCHENKENDORF 75 (volkslied, 1809).
berge, wälder, flur sind trunken
in der wonn' im liebesglanze.
TIECK gedichte 1, 5 (1821).
wiederholt aus dem kaiser Oktavianus 162;
doch steht dort statt der zweiten zeile:
von dem allerliebsten glanze,
und wenn in ihrem liebesglans
erlischt die letzte rose,
so bleibt uns noch ein winterkranz
von dunkelgrünem moose.
RÜCKERT 2, 611.

ein weib von diesem lande *(Griechenlands)*
gottähnlichem geschlechte,
sie flüchte liebe-glanz
in deine tag' und nächte.
  GEIBEL neue gedichte 2º.
vgl. auch minneglanz *bei* IMMERMANN Tristan 212.

LIEBESGLAS *(phrasenhaft).*
muß so dein liebesglas in hundert stücken
gehn?
  NEUKIRCH 1, 61.

LIEBESGLAUBE. a) *weltlich:*
wenn liebesdichter ihren liebesglauben
in flüssigen, honigsüßen zeilen singen,
und reime paaren, so wie Venus tauben.
so sehn sie nicht, was sie für unheil bringen
  BYRON 5, 142 (Don Juan 6.
b) *geistlich:*
ich liebe, glaub' ich; liebesglauben,
fürwahr, soll keine macht mir rauben.
  A. v. DROSTE-HÜLSHOFF 3, 172 (geistl. jahr).

LIEBESGLEICHNIS. *überschrift bei* HARSDÖRFFER frauenz. gesprächsp. 1, *anhang* 8.

LIEBESGÖTTERCHEN. da huben besagte knaben oder vielmehr liebesgötterlein an, allerlei kurzweil zu üben. 'Montano' *vor dem G. bde von* HARSDÖRFFERS frz. gespr. (1646).

LIEBESGÖTTERNEST *(fülle verliebter gedanken.)*
wenn ihn das liebesgötternest
in seinem busen, auf nächtlichem lager,
nicht eine minute ruhen läszt.
  WIELAND 21, 98 (liebe um liebe).

LIEBESGRAD.
o unerhörter liebesgrad,
der selbst des vaters wort ins fleisch gesenket hat.
  CHR. FR. RICHTER († 1711) *im schlesischen kirchengesangb.* 46. *str. 2 des liedes* 'o liebe, die den himmel hast zerrissen'.

LIEBESGRAM.
senkend ihr gebleichtes Antlitz
still verzehrt von liebesgrame.
  LENAU gedichte 577.

LIEBESGRIFF. NEUKIRCH 4, 311.

LIEBESGRIMM.
lustig prasselndes feuer, nimm
hin zum opfer die lieder!
greif mit flammendem liebesgrimm
zu, und brenne sie nieder.   RÜCKERT 7, 119.

LIEBESGROLLEN.
bei seinem vater hat das kind nicht lernen wollen,
und in die schule schickt er es mit liebesgrollen
  RÜCKERT 8, 159.

LIEBESGRUND.
er lege droben nur den ersten liebesgrund.
  CHR. WEISE notw. gedanken 148 *(anfang* 1667).
der schönste bisam steigt aus deinem liebesgrunde,
vergiss mein nicht steht da, wo ich vergessen
steh.
  NEUKIRCH 4, 1 (C. H. v. H.).
in asret. sinne: so geht kraft
auch aus diesem liebesgrunde.
  ZINZENDORF 201 (1728).

LIEBESGÜRTEL. Juno muß von der Venus den flammichten liebesgürtel leihen,
die erloschene liebe ihres Jupiters wieder anzufeuern. BESSER 367. liebesgürtel cestus *auch bei* DENTZLER clavis linguae latinae 1716. [*das band der ehe*] ist ein liebesgürtel, der alle vergnügung begreifet. NEUKIRCH 4, 194.

LIEBESGUSZ *s. die stelle aus* KUHLMANN *zu* liebesfluß.
nim hin, o Gottes kind, des innern friedens zeichen,
der treun pfand, den holden kuß,
den außgeschütten liebesguß.
  G. ARNOLD götl. liebesfunken 139 (1808).

LIEBESGUT. MENANTES ullern. art. 195; RÜCKERT 8, 623, *im geistl. sinne* KNAK zionsharfe ²137.
s. v. a. liebesreize: so findet sich gar bald ein bild
aus Venus orden
das beut ihr liebesgut den nassen brüdern
(*betrunkenen studenten*) an.
  GÜSTNER lebensbeschreibung 25.

LIEBESHAFT.
nun bin ich vogelfrei, der süßen angst entnommen,
ich lebe nun nicht mehr in schnöder liebeshaft.
  ZESEN Helikon 1, 102 (1656), *auch schon in der ersten auflage.*

LIEBESHAIN.
wo einsamkeit und stille, sonnenschein
dämmernd herblinkte, wuchs ein liebeshain.
  TIECK kaiser Oktavianus 409.

LIEBESHÄLTER.
so schmockt dir auch zu tisch
kein ob zwar seltner fisch,
als den die liebste giebt aus ihren liebeshältern
(: wäldern).
  MÜHLPFORT hochzeitged. 79 (1676).

LIEBESHAND. diese kette, ob sie mir wol von liebeshand gekommen ist. engl. komödianten 59 (der verlorene sohn akt 3) 1620.
mit liebeshänden   SIMON DACH 796.
doch laßt uns euch vor küssen,
eh eure liebeshand uns wird die augen schließen.
  LOHENSTEIN Cleopatra 3, 181 fg.
golderz und silberknospen triefen
von treuvermählter liebeshand.
  MÜHLPFORT hochzeitged. 133 (1680).
will mich kein mensch ümarmen,
so rührt mich Gottes liebeshand.
  GOTTFR ARNOLD göttl. liebesfunken 143 1698).
die sich Gottes hand verschreiben,
sind schon selig in der welt;
wenn sie alle menschen hassen,
wird der freund sie nicht verlassen,
dessen treue liebeshand
sich genau an sie verband.
  ZINZENDORF 22 (1720).
gehülfin, die das lamm mir selber angetraut,
die seine liebeshand in meine hand beschlossen.
  ZINZENDORF 85 (1723) *an seine gemahlin.*
[*wie manches waffenkleid*] von zarter liebeshand
gewebt in selgen tagen.
  E. SCHULZE Cäcilie 14, 13.

LIEBESHANDLUNG *s. v. a.* liebeshandel NEUKIRCH 6, 3 *(überschrift).*

LIEBESHEIMLICHKEIT. die nacht sei die schönste hälfte des lebens, da sie den reinsten genuß des lebens, die süßeste liebesheimlichkeit biete. DENTZLER Göthes lyr. ged. 259 *(über Philinens lied).*

LIEBESHELL.
hier ruht und träumet süß der fromme
vom göttlichen, dem liebeshellen,
der sprach: 'er harre, bis ich komme'.
L. v. PLÖNNIES das grab des evangelisten
bei S·henckel-Paldamus 3, 39.

LIEBESHENKER.
hier kümmt mein liebesbenker an.
MENANTES allern. art. 367.

LIEBESHEROLD, (vom schmetterling).
als er den liebesherold kaum erblickte.
RÜCKERT 3, 177.

LIEBESHERZ.
dieser alabaster deckt
ein sanftmütiges liebesherze.
MÜHLPFORT 2, 137.
zeig uns bei unserm seelenschmerz
ein aufgeschloßnes liebesherz.
L. F. F. LEHR († 1744) str. 11 des liedes
'mein heiland nimmt die sünder an'.
und da du in dem sinn des lammes gottes standest,
was wunder, daß du auch sein liebesherz em-
pfandest.
ZINZENDORF teutsche ged. 211 (1728)
warum sollten doch wol pflegen
gärtner helle rosen, können liebesherzen sie
nicht hegen?
TIECK gedichte 1, 159.
dies ist ein bildnis treuer liebesherzen.
ebd. 1, 195.

da aber der herr mich ... bißweilen einige
funken von dem großen feuerofen des gött-
blicken und sammeln lassen. G. ARNOLD
göttl. liebesf. zuschrift an d. landgräfin Dor.
Charl. v. Hessen (1698).

LIEBESHERZELEID.
ach, so schwand Röschen hin, sie schwand
vor liebesherzeleid.
HERDER 5, 221 stimmen d. v. (Hempel)

LIEBESHIMMEL.
daß nichts als nebel und comet
um deinen liebeshimmel steht.
NEUKIRCH 2, 78.
Chlorinde macht mir itzt den liebeshimmel trübe.
ebd. 5, 14.
der liebeshimmel ahmt dem sternenhimmel nach:
er zeigt bald helles glück, bald trübes ungemach.
ebd. 5, 161
diesen frühling, diesen liebeshimmel.
all dies glück. RÜCKERT 1, 360.
dort eines hauses luftiger altan
ist meines liebeshimmels horizont.
ebd. 5, 88.
dein auge ward vom himmel aufgeschlossen,
mir einen liebeshimmel aufzuschließen.
ebd. 5, 320.
ihr ['zauberischen augen'] gegen deren liebes-
himmelblitze
nicht irdisches mag halten stand und dauer.
ebd. 5, 88.
ebenfalls von den augen:
scelenr:gendes, liebeshimmelbewegendes
erstes doppelgestirn der schönheit auf immerdar.
ebd. 6, 250.

LIEBESHOCHALTAR.
so rufet Freimund, den durch wüsten der herr im
donner und im blitz
durch läutrungsfeuer hin zum lichte, zum liebes-
hochaltar geführt.
RÜCKERT 7, 77.

LIEBESHOFFEN.
in grabesnacht versinkt manch liebeshoffen.
E. SCHULZE Cäcilie 12, 76.

LIEBESHOFFNUNG.
frühlingsgrün und himmelsbläue,
liebeshoffnung, liebestreue;
meine freundin, die untar,
trägt die beiden rein und pur.
RÜCKERT 2, 360.
denn nun muß jede liebeshoffnung fliehn.
GRIES verl. Rol 2, 24, 54 = 4. teil 5, 48.

LIEBESHOHN.
liebesqual und liebeswonnen,
liebessehnsucht, liebeshohn,
allem ist der Gott entronnen,
der in euren schoß geflohn.
RÜCKERT 7, 269.

LIEBESHÖHE.
bleibe fest bei ihm im glauben stehen
und folge seiner hoffnung stillem drang
zu dem, der sünd' und grab für dich bezwang,
zu deines heilands ew'gen liebeshöhen.
KNAK zionsharfe [3] 172. man sieht gleich, daß
der etwas unklare ausdruck liebeshöhen
hier nur gebraucht ist, um die drei christ-
lichen haupttugenden zusammenzubringen.

LIEBESHÖLLE. überschrift bei RÜCKERT
5, 103.

LIEBESHULDIGUNG.
es hätte mich verzweifelung
getötet oder deinen glanz
hätt' ich in liebeshuldigung
nicht dir mich hingegeben ganz.
RÜCKERT 5. 305 (üstl. rosen: liebesandacht).
O Fama ...
sankst du herab bis zur erzählerin
von riesenkämpfen, liebeshuldigungen?
GRIES verl. Rol. 2, 22, 2 = 3. Teil 5. 371.

LIEBESHÜLLE.
diese wunderfülle,
die in liebeshülle
an die Sinne spricht.
SCHLEGEL (freiheit) bei WACKERNAGEL lesebuch 2², 1321.

LIEBESHUNGER.
die mäßigkeit kann auch den liebeshunger
stillen.
MENANTES edle bemühung 92 (1702).

LIEBESHUT (s. f.)
beschütze du mich vor des feindes wut
und nimm mich ganz in deine liebeshut.
KNAK zionsharfe ² 186.

LIEBESHÜTTE.
und eh das wort von Walther lippen fliegt,
schließt sich die thür der grünen liebeshütte.
A. v. DROSTE HÜLSHOFF 2, 222 (Walther).

LIEBESINSCHRIFT.
regenbogen, friedensbogen,
hoch am himmel ausgespannt,
stehst wie eine liebesinschrift
überm weiten grünen land.
maiblumen (lieder einer stillen im lande
hrsg v. G. KNAK, 3. Aufl.) 21.

LIEBESINTRIGUE. also haben diejenigen,
so neben ihr [der Scudéry] an einem orte
gelebt, sich jederzeit vergebens bemüht, sie
über einiger liebesintrigue zu ertappen.
vorrede zu NEUKIRCH 6.

LIEBESIRRGARTEN. titel eines romans von. *Bohse aus d. j.* 1724. *siehe* GÖDEKE grundriß 510, 317, 18.

LIEBESJÄGER.
überall die liebesjäger.
und es ist nicht zu entgehen.
RÜCKERT 1, 530.

LIEBESJUBEL. das liebesweh und der liebesjubel unbefangener natur. BARTHEL d. nationallitt. d. neuzeit *329.

LIEBESJUNG. da er .. so liebesjung so innig und glühend zu singen vermochte. BARTHEL, nationallitt. d. neuzeit *452.

LIEBESJUWELENSTEIN.
es war ein liebesseufzerlein
ein rechter liebesjuwelenstein,
hat herrlich gefunkelt und gebrannt,
nun decket ihn ein wenig sand.
E. M. ARNDT gedichte 353 (klage um prinzessin seufzerlein. 1817).

LIEBESKALENDER. NEUKIRCH 4, 279.

LIEBESKAHN.
wohin treibt wind und sturm doch meinen liebeskahn?
NEUKIRCH 1, 68.
wenn nur mein ungelück nicht wolken hätt' erfunden,
die meinem liebeskahn stets sturm und wetter dräun.
MENANTES edle bemühung 36 (1702).

LIEBESKAMPF. wo du irgend dich in liebeskampf befindest. HOCHSTETTER sonnenritter 271 (1611). glücks und liebeskampf. ganz klegliche tragœdi in fünf liebeshistorien eingetheilt. durch Aeschacium Maiorem. Leipzig 1615 (*titel bei* GÖDEKE grundriß 432, 1, 40). liebeskampf oder ander theil der englischen comödien und tragödien 1630 (GÖDEKE grundriß 410, § 170, 6), *das* liebeskampfen. LOHENSTEINS Venus *bei* NEUKIRCH 1, 278. *vgl. das wort auch bei* II. W. v. LOHAU 261 (1725). *sicher lassen sich noch viele belegstellen für dies wort aus neuerer zeit geben; ich habe sie nur nicht angemerkt, weil ich eben das fehlen dieses wortes nicht voraussetzte. aus neuester zeit vergl. die übersetzung von Horaz. Od.* 3, 26:
noch jüngst den mädchen wußt ich gerecht zu sein
und ohne ruhm nicht focht ich im liebeskampf.
GEIBEL klass. liederbuch 167 (1870).
nachträglich noch ein paar beispiele:
was hat nicht Jupiter erdacht
bei schnöder lust und liebeskämpfen?
H. MÜHLIUS *bei* Weichmann poesie der Nieders. 2, 77 (1723).
kommt her zu mir und hört mit gütigkeit
die liebeskämpf' und rühmlichen gefahren
der tapfern ritter jener alten zeit.
GRIES Bojardo verl. Rol. 2, 65 = ges. 19, str. 1.
und ohne trommeln und trommer eilen
wir nun in unsern liebeskampf hinein.
GRIES ras. Rol. 25, 67 = Bd. 3, 215 (1827).

LIEBESKEIL. vgl. liebesblitz.
ja auch das stumme vieh, das wild, das gleich der pfeil
Dianens sonst nicht traf, empfand den liebeskeil;
was durch die luft, durch meer und ströme pflegt
zu schwimmen,
fieng voll von liebesglut und herzenloh zu glimmen.
LOHENSTEINS Venus *bei* NEUKIRCH 1, 255
vorher hatte Lohenstein vom 'donnersturm der liebespfeile' geredet.

LIEBESKELCH.
leidig ist ihr trost; denn ach! sie nippten
nur vom liebeskelch, und tranken nicht.
F. W. A. SCHMIDT almanach rom.-länd. gemählde 64 (1798).

LIEBESKERKER.
indem er, wie er pflegt, der nachgegangen.
die ihn im liebeskerker hält gefangen.
GRIES ras. Rol. 12, 73 = Bd. 2, 25 (1827).

LIEBESKLANG. NEUKIRCH 1, 164 (1689).
blumen gab der herr der imme,
liebesklang der nachtigall,
und dem menschen eine stimme
tiefer brust für freudenschall.
E. M. ARNDT gedichte 507 (1843).
der krieg ists was dem kühnen geist gefällt;
ein edles, zartes herz liebt liebesklänge.
GRIES verl. Rol. 3, 5, 2 = 4. Teil s. 282.
so sehnt nach frühen liebesklängen
mein herz sich heimwärts, lang entfernt.
RÜCKERT 1, 279.
eine reihe von Lenaus gedichten (s. 309 ff). *führt den namen* liebesklänge.

LIEBESKLAR (liebesklarheit *aus Göthe belegt*).
laß mit ganzem leibe mich
so in mich die sonne saugen ...
daß ich brenne winterüber
sonnenwarm und liebesklar.
RÜCKERT 2, 668.

LIEBESKLEE.
ein jeder morgen thaut auf ihren liebesklee.
NEUKIRCH 3, 147 = 6, 139.

LIEBESKLEID (= *kleid des liebesgottes*).
Megära, greif hier zu dem liebeskleide,
häng den mit gold bedecktem köcher an.
LOHENSTEIN Ibrahim sultan 4, 501 fg.

LIEBESKLOBEN. ZESEN Assenat 133; *s. zu* liebesgarn.

LIEBESKNABE (*Amor, Cupido*).
allein ich finde doch kein gar so wüstes feld,
daß sich nicht neben mich der kleine liebesknabe
befindet und mit mir gespräch und reden hält.
LOHENSTEIN rosen 139.

LIEBESKNÄUEL.
ha, Seladon! wenn damals in den achsen
gewichen wär der erde schwerer ball,
im liebesknäul mit Julien verwachsen
du hättest überhört den fall.
SCHILLER 'an einen moralisten' *in den späteren ausgaben; in der anthologie auf d. jahr* 1782 (GÖDEKE 1, 248) *steht freilich:*
im wirbelschwung mit Julien verwachsen
u. s. w.

LIEBESKÖCHER.
> auf, und fällt die leeren becher,
> setzet sie dem liebesköcher,
> setzt sie Amors pfeilen bei.
>> HAGEDORN 4, 130.

(ausg. von 1800); *das gedicht erschien zuerst 1741. vergl:*
> gesetzt, die weiße brust sei unser Venusbogen,
> der liebe köcher sei ein purpurroter mund.
>> LOHENSTEIN rosen 58.

LIEBESKOHLEN.
> der eifer mehrte sich wie meine liebeskohlen.
>> NEUKIRCH 1, 61.

> was ich thu, thu ich verstohlen,
> durch verstellung, glück und pein;
> denn in meinen liebeskohlen
> darf kein fünklein feuer sein.
>> NEUKIRCH 3, 89.

s. *auch* Brockes *bei* Weichmann poesie der Niedersachsen 1, 170.

LIEBESKÖNIG.
> frohe botschaft hör' ich schallen,
> daß der liebeskönig naht
>> SCHENKENDORF 230 (palmsonntag).

LIEBESKOSEN.
> so ist dem kaiser nur sein liebeskosen feil
> umb unsern untergang.
>> LOHENSTEIN Cleopatra 5, 138 fg. (1661).

> die schlacht ist liebeskosen
> die siegeskränze seind nicht palmen, sondern rosen.
>> LOHENSTEIN Venus *bei* Neukirch 1, 278.

(die stelle handelt von der liebe zwischen Mars und Venus.)
> hier duftets unter liebeskosen
> von reten und von weißen rosen.
>> K. W. A. SCHMIDT ged. 245 (1797).

> harfenlispel-minnesang
> und sanftes liebeskosen.
>> RÜCKERT 7, 247.

LIEBESKOST.
> dann schmeckt wie gall und gift die alte liebeskost.
>> ABSCHATZ getr. schäfer s. 86.

> kleiner honigdieb, *(biene)*
> komm, sammle blumenliebeskost,
> denn dieser lenz ist dein.
>> E. M. ARNDT gedichte 112 (1805).

LIEBESKRAM.
> doch weil die kaufmannschaft auch schlechte waren zählet,
> so ist der liebeskram *(im druck* Liebes Gram)
> auch schlimm und wohl bestellt.
>> MENANTES edle bemühung 123 (1702).

LIEBESKRÄMEREI.
> die süße liebeskrämerei was führet sie für waren?
>> LOGAU 3, 8, 93.

LIEBESKRÄNZLEIN.
> daß aber jegliches mägdelein
> ein liebeskränzlein für sich will sein,
> das macht mir schmerzen im herzen.
>> RÜCKERT 1, 584.

LIEBESKRONE. *überschrift bei* WILH. MÜLLER 1, 155, *im texte selbst bezeichnet als* 'treuer liebe krone'.

LIEBESKUMMER.
> der veilgen blässe sucht aus liebeskummer ruhm.
>> LOHENSTEIN rosen 96.

> wo alles so geruhig ist,
> daß ihr von keinen andern plagen
> als eurem liebeskummer wisst.
>> NEUKIRCH 2, 378.

> und könt ich noch dadurch dem liebeskummer steuren!
>> BESSER 600 (1689).

> wo alles so geruhig ist,
> daß ihr von keinen andern plagen
> als eurem liebeskummer wisst.
>> ebd. 711 (1686).

es liegt auf der hand, daß für dies gewöhnliche wort dutzende von beispielen auch aus dem 18. u. 19. jahrhundert beizubringen wären; ich habe es aber nur noch aus GRIES verl. Rol. 2, 15, 35 = 3. teil s. 230 *angemerkt.*

LIEBESKUNDE.
> durch den wald, den dunkeln, geht
> helde frühlingsmorgenstunde,
> durch den wald vom himmel weht
> eine leise liebeskunde.
>> LENAU gedichte 57.

> der mondnacht dämmerstunden,
> sie bringen liebeskunden,
> sie bringen blut'gen strauß.
>> GEIBEL ged. 80 (der Hidalgo).

LIEBESKUNDIG.
> um Gottes willen, liebeskund'ge, sagt mir an,
> wenn unser mann die liebe heimsucht, was er thut?
>> RÜCKERT 6, 18.

LIEBESKUNDSCHAFT *(liebesbekanntschaft).* HARSDÖRFFER frauenz. gesprächsp. 1, 220 (1644).

LIEBESKUNST. *der pl.* ZESEN poet. rosenwälder vorschmack 36 (1642).
> ich will nach liebeslust die liebeskünste sagen.
>> SCHOTTEL 1011.

> da ich an jahren jung von kluger meisterin
> die schlaue liebeskunst gelehret worden bin.
>> ABSCHATZ getr. schäfer s. 80.

> kleine meister
> der liebeskunst.
>> WIELAND 21, 104 (liebe um liebe).

> liebeskunst wird immer schwerer;
> wie ein taucher das meer, je weiter vom land,
> je tiefer es band.
>> RÜCKERT 5, 819 (östl. rosen).

> brauch in deinem jungen jahre
> keusche liebeskunst;
> kommen dir die grauen haare,
> denn so ist fimsonst.
>> GE. NEUMARK lustwäldchen 94 (1652).

Ovidius ist gar ein garstiger vogel; er unterweiset seine schüler nur, wie sie andern männern sollen zun weibern gehn, und also ist sie keine liebeskunst sondern eine ehebrechers kunst. CHR. WEISE überfl. gedanken 87 (1692).

LIEBESKUR. eines klugen arztes vernünftig liebeskur. *überschrift bei* NEUKIRH 4, 222; *im text ebd. 224 zweimal.*

LIEBESKÜSSEN. *subst. n.*
> da geht durch die welt ein grüßen
> und schwebet hin von land zu land;
> das ist ein leises liebesküssen,
> das herz dem herzen zugewandt.
>> ROB. REINICK sommernacht *bei* Schenkel-Paldamus 3, 108.

LIEBESLABSAL.
ja rosen sollen noch ein liebeslabsal sein.
LOHENSTEIN rosen 90.

LIEBESLAGER.
und wer ist die tochter sanfter freude,
die auf weichem liebeslager ruht?
A. W. SCHLEGEL gedichte 30 (Tübingen 1800).

LIEBESLAMM. *ascet.:*
rosingefärbtes liebeslamm,
netz mich mit deinem blute
BENJ. SCHMOLKE heil. liederflammen 59 (1709)

LIEBESLAMPE.
da sieht man stets die anmutssonne leuchten,
den reinen thau die liebeslamp' anfeuchten.
NEUKIRCH 3, 142.

LIEBESLANZE.
auch war es wohl genug,
dasz Amor schon ein stechen hielt mit beiden
und in ihr herz die liebeslanze schlug.
GRIES ras. Roland *bd* 4, 249 = *ges.* 36, *str.* 38.

LIEBESLARVE.
Furien, die sich mit liebeslarven schmücken.
LOHENSTEIN Ibrahim sultan 1, 235.

LIEBESLAST. dienstlast, liebeslast,
sorgenlast. HARSDÖRFFER frauenz. gespr.
3, 293, 298 (1643).
ach, liebster schatz, die süszen schmerzen
die du mir zugefüget hast,
die lasz dir gehen doch zu herzen
und lindre meine liebeslast.
ZESEN Helikon 1, 246 (1656).
dein Thyrsis
wird noch nicht von der angst der liebeslast
verschonet,
lebt oftmals wegen dein von herzen hochbetrübt.
GR. NEUMARK lustwäldchen 70 (1652).
ich sinke unter schwerer liebeslast.
SHAKESPEARE Romeo u. Julia 1, 4.

LIEBESLAUF.
doch lassen wir Rinald im liebeslauf!
GRIES, Bojardo verl. Roland 1, 2, 21 (1835).

LIEBESLÄUTRUNGSSCHMERZEN.
gieb deinen leib wie gold in liebesläutrungs-
schmerzen;
denn schlack' ist gold, das nicht die glut macht
rein der liebe.
RÜCKERT 5, 204.

LIEBESLEBEN.
was hilft uns alle herrlichkeit
ohne seelen-behaglichkeit
und ohne des leibes liebesleben?
GÖTHE 3, 199.
kurz das liebesleben ging je lieber je lieber,
ward endlich ein ordentliches Siegwartsfieber.
KORTUM Jobsiade 3, 52.
ihm schiens, als hab' er jüngst ein selges liebesleben,
vom wilden rausch bethört, mit raschem lauf durch-
rannt.
E. SCHULZE Cäcilio 14, 92.
so feuchten glanz, solch glühend liebesleben.
ders. bez. rose 1, 10.
all liebesleben in busen ihr schlug.
alle liebessonnen im auge sie trug.
RÜCKERT 1, 414.

LIEBESLEHRE. ['mährgedichte' *d. h. no-
vellen*] sollen meines erachtens zugleich mehr
auf die sitten- als liebeslehre gerichtet
sein. HARSDÖRFFER frauenz. gesprächsp. 4,
388 (1644). unwillkürlich war so mancher
strahl der mildern hellern liebeslehre des
Nazareners in das herz der heranwachsenden
[jüdin Mirjam] gedrungen. DAHN, Kampf
um Rom 2⁴, 200.
die reinsten liebeslehren.
STOPPE gedichte 2, 216.

LIEBESLEIDEN.
er liesz die schaf' alleine weiden,
sagt': herde, leb in guter ruh;
mich zwingt von dir mein liebesleiden.
GE. NEUMARK lustwäldchen 74 (1652).

LIEBESLEUCHTE.
und er sieht durchs gras, das feuchte,
wie des glühwurms phosphor glimmet,
und der scheint zur liebesleuchte
ihm von der natur bestimmet.
RÜCKERT 2, 435.
auch von den augen:
indem sie ihre liebesleuchten
trübte mit schmerzentsprungenen feuchten.
ebend. 12. 20

LIEBESLEUGNER. die liebesleugner.
titel eines lustspiels v. W. JORDAN (1855).

LIEBESLICHT.
lasz nur indessen helle scheinen
dein glaubens- und dein liebeslicht.
CASP. FR NACHTENHÖFER († 1685)
str. 4 *des liedes:* 'dies ist die nacht,
da mir erschienen'.
da wird kein blick gegeben,
der neue lust erweckt, da brennt kein liebeslicht,
da lacht kein holder mund, der trost und ruh ver-
spricht.
CHR. WEISE notw. gedanken 220 (1674).
von ferne zeige mir die stadt,
die deine hand bereitet hat,
das goldne Seraphinen-liebeslicht.
ZINZENDORF 42 (1721).
dasz ich dir diene für und für,
mich ganz in deinen tod versenke,
stets wandl' in deinem liebeslicht.
KNAK zionsharfe⁵ 72.
und drinnen glänzt ein holdes liebeslicht.
A. v. DROSTE-HÜLSHOFF 2, 222 (Walther).
ein aug' voll liebeslicht.
A. v. DROSTE-HÜLSHOFF 3, 155 (geistl. jahr).
drum will ich singen, danken, loben ....
Gott meinen herrn und seinen Christ,
mein lebenslicht, mein liebeslicht.
E. M. ARNDT gedichte 611 (1858).

LIEBESLILIE.
sei du mein gesang, o weisze
heil'ge sanfte liebeslilje.
TIECK kaiser Oktavianus 327.
also wardst du, liebeslilje. *ebd.* 330.

LIEBESLISPELN.
geheim umflüsterte das laub die tannenreiser,
wie liebeslispeln einer jungen braut.
TIEDGE Urania 4. *gesang s.* 116 (5. *aufl.*).

LIEBESLIST. Ovidius hat die liebes-
list so artig beschrieben, dasz es scheinet, er
habe seine feder aus des Kupido flügel gezogen, sein gedichte damit zu papier zu
setzen. BUTSCHKY gemütsübungen 86.

LIEBESLOBESSTRAHLEN. ich war
wieder so einfältig durch meine heiszen lie-
beslobesstrahlen aus diesem kalten fel-

sen [*Lachmann*] ein und andres lorbeerblatt für ihr haupt hervorzukehren. MEUSEBACH an HAUPT 19. 11. 1834 bei WENDELER Fischartstudien Meusebachs 80.

LIEBESLOCKE. ANNETTE V. DROSTE-HÜLSHOFF 2, 165 (schlacht im Loener bruch) *dazu die anm. s. 190:* 'liebeslocke wurde eine lange locke genannt, die am linken ohre bis auf die schulter herabhieng, während das übrige haar bedeutend kürzer gehalten wurde'.

LIEBESLOOS. GÜNTHER lebensbeschr. 9.

LIEBESLUFT.
weht und spielt, ihr süßen düfte,
lilien, blühet um mein grab,
engelsboten, liebeslüfte,
traget meinen gruß hinab!
SCHENKENDORF 230 (Mariä himmelfahrt).

LIEBESMAI. denn in dem liebesmai wächst und vergeht dies gras *(d. h. die schönheit)* NEUKIRCH 3, 42.
es gilt noch mehr zu schaffen
als einen liebesmai.
GEIBEL gedichte 302.

LIEBESMAIENBLÜMLEIN. *titel einer gedichtsammlung des mir unbekannten* GÖRING (1654). *ich entnehme das wort nur aus* HEYNES *beleg zu* jugendblühe *(DWB IV, 2, 2362).*

LIEBESMAIENWETTER.
wenn die lieben zarten blätter
liegen unter meinem stift,
der in liebesmaienwetter
webt auf ihnen blumenschrift.
RÜCKERT 1, 452.

LIEBESMANGEL.
was mißt dem kaiser sie für liebesmangel bei?
LOHENSTEIN Ibrahim sultan 2, 453.

LIEBESMANN.
verstoß mich nicht, du liebesmann *(Jesus).*
KNAK zionsharfe⁹ 85 (1843);
dieselbe bezeichnung s. 81.

LIEBESMANNA.
so hat die Venus nicht den Adon erfrischt,
wenn sie vergnügt haben im wald getischt,
als deine gegenwart mich tröstet
und mir das liebesmanna rüstet.
MÜHLPFORT vermischte gedichte 12.

LIEBESMÄRCHEN.
allein wo ruht Etruriens dreigestirn?
Petrarka, Dante nebst dem ruhmesvollen,
dem prosasänger, dessen schöpferhirn
die hundert liebesmärchen zart entquollen.
BYRON 1, 116 (Harold 4, 56).

LIEBESMÄRTYRER.
o göttin, sollen cronen
der [die?] liebesmärtyrer, die du gemacht,
belohnen,
so müssten ihrer mehr denn tausend tausend
sein.
NEUKIRCH 2, 11 (C. H. v. H.).

LIEBESMATTE.
hie auf dieser liebesmatt
Cupido vor dreien tagen,

weil er nichts zu schaffen hatt,
wolt sein zelt und läger schlagen.
PHILANDER V. SITTEWALD 1, 108 (Venusnarren).
in der voraufgehenden inhaltsangabe s. 100
steht dafür der ausdruck Venusheer.

LIEBESMEISTERIN. die liebliche liebesreizende liebes-meisterin. ZESEN jugendflammen 7 (1651).

LIEBESMILCH.
mit unserer liebesmilch nur ihre wollust nähren.
LOHENSTEIN Cleopatra 3, 100.
mit was für liebesmilch ich reich' und völker
säuge.
LOHENSTEIN Sophonisbe 1, 360.
daß er sein ungelück ihm süße macht und nütze,
ja fette liebesmilch aus hundert röhren zieht.
LOHENSTEIN rosen 48.
oft sog ich liebesmilch aus beiden lustrubinen.
MÜHLPFORT 2, 46.
nunmehr kan herz und geist der liebesmilch
genießen.
NEUKIRCH 3, 145.
vgl. auch: liebkosungsmilch *bei* LOHENSTEIN
Cleopatra 2, 370.

LIEBESMINNE.
du süßer Jesus Christ...
durch deine liebesminne,
durch dein versöhnungswort
schleuß geister auf und sinne
heut für den heimatsort.
E. M. ARNDT gedichte 592 (sonntagslied 1853).

LIEBESMISSGESCHICK.
aber tausend, tausend jungen
klagen liebesmißgeschick.
MÜLLER gedichte 28 (1842).

LIEBESMITTEL.
brauch die liebesmittel, die zum vortrab taugen,
führe sie fein sanft herüm, red mit den augen.
GE. NEUMARK lustwäldchen 94 (1652).

LIEBESMONAT. das schöne 'mailied', früher 'maifest' überschrieben, das so reizend das jubelnde glück der liebe in dem herrlichen liebesmonat feiert. DÜNTZER Göthes lyr. gedichte 1, 102.

LIEBESMORAL. wenn man der liebesmoral der renaissance näher nachgeht. BURCKHARDT cultur der renaissance 2³, 211.

LIEBESMORAST. zur erbauung aller halb in liebesmorast versunknen herzen. *aus einem erdichteten buchtitel bei* MALER MÜLLER 1, 135 (das nußkernen).

LIEBESMORD. *(vom sengenden strahl des sonnengottes).*
aber wie er will verüben
mit dem blick den liebesmord.
RÜCKERT 7, 267.

LIEBESMOST.
den süßen liebesmost
NEUKIRCH 1, 50, *angeblich von* HOFFMANNSWALDAU.
ihr sollet nicht so lüstern sein
und nach dem liebesmoste dürsten.
MENANTES allern. art 391.

LIEBESMÜHEN. *subst. n.*
und mein liebesmühen
soll am boden stehn.

mit den blumen blühen
und wie sie vergohn.
RÜCKERT 1, 549.

LIEBESMUT. SIMON DACH 948. *als überschrift bei* RÜCKERT 5, 1 6, 284.
die vorzeit, wo in jugendglut
Gott selbst sich kund gegeben,
und frühem tod in liebesmut
geweiht sein süszes leben.
NOVALIS 2, 18. sehnsucht nach dem tode *(aus den hymnen an die nacht) str.* 6.
ja mich verlangt, im sel'gen liebesmute
mein leben hinzugeben.
TIECK kaiser Oktavianus 361.
wer ganz und vertrauend liebet,
tieft versenkt im liebesmute,
darf nicht zittern, darf nicht zagen.
ebd. 370.
doch er liest den liebesmut
freudig
in dem zarten, bunten kinde.
TIECK gedichte 1, 159.
doch lebt das herz so mehr im liebesmute,
als nur mich näher schlägt der brand zusammen.
ebd. 1, 193.
du weist, wie ich gedienet,
wozu bei tag und nacht
sich liebesmut erkühnet
in wilder knabentracht.
E. M. ARNDT gedichte 102.
wir sind nun wieder brüder
und eins in liebesmut.
SCHENKENDORF 204 (gebet 1813).
feuerzungen,
die erklungen
einst in frohem liebesmut.
ebd. 234 (pfingsten).
im kühnen liebesmut.
SCHULZE Cäcilie 12, 85.
im freud'gen liebesmut.
ebd. 13, 44.

LIEBESMUTTER. *bezeichnung der Venus bei* LOHENSTEIN Agrippina 2, 114 *und bei* MÜHLPFORT hochzeitged. 68 (1675); *anders bei* RÜCKERT:
lebensordnung, friedensengel,
liebesmutter, allzu lind,
drohend mit dem lilienstengel,
der nicht schreckt das böse kind.
2, 50.

LIEBESMYRTEN.
man jagt und wird erjagt,
itzt auch ich, für den wald, der Venus liebesmyrthen.
NEUKIRCH 2, 101 (1692), *von* BESSER.
vergl. auch SCHILLER jgfr. v. Orl. 1, 2, 660 fg.:
dann ist es zeit und steht dir fürstlich an
dich mit der liebe myrten zu bekrönen.

LIEBESNACHEN. NEUKIRCH 1, 63.

LIEBESNACHTIGALL.
o könnt' ich doch von liebe girren!..
dann würd' ich bald im süszen schall
die hellste liebesnachtigall.
E. M. ARNDT gedichte 467.

LIEBESNÄHE. *überschrift eines gedichts bei* E. M. ARNDT gedichte 139 (1808), *desgl. von* FRANZ KUGLER *bei* Schenckel-Paldamus 3, 158.

LIEBESNAHRUNG.
sicher aus der felsenwahrung
quillt die ew'ge liebesnahrung
und verklärt den ird'schen traum.
FR. SCHLEGEL unsere zeit *str.* 13.
nichts wie dieses ist der geister liebesnahrung:
treu unt'r einander ausgetauschte herzerfahrung.
RÜCKERT 8, 315.

LIEBESNARR.
kommt ein magister anmarchiret,
der banern künftiger herr pfarr,
so wird er ebenfalls tractiret
als wie ein ander liebesnarr.
NEUKIRCH 4, 359.

LIEBESNECTAR.
der becher flöszte mir den liebesnectar ein.
NEUKIRCH 1, 61.

LIEBESNEID. *s. v. a.* eifersucht, *vergl.* liebeseifer. welches ihnen den nicht wenig schmerzete, auch keinen geringen liebesneid verursachte. ZESEN Ibrahim 1, 603. als .. Kleomedes mit der Sofonisbe aus gleicheifriger liebe lange zeit gezanket hatten, wer vor dem andern stärben solte: so warden sie endlich aus einem liebesneide der Androfile. welchen sie auf die Sofonisbe geworfen hatte, beide zum tode verurteilet und in den turn geworfen. ZESEN Sofonisbe 545 (1647).

LIEBESNEIGEN. *n.*
meines herren sinn
gehet blos dahin,
sein geheimes liebesneigen
zu mir öffentlich zu zeigen.
ZINZENDORF 205 (1725).
ich sollte schweigen,
ich, Gottes reiches ebenbild,
durch das mit liebesneigen
der feuerstrom der Gottheit quillt.
E. M. ARNDT gedichte 447 (morgengebet).

LIEBESNESSELN.
welket, welkt, ihr liebesnesseln,
die so lange zeit gebrannt.
H. W. v. LOGAU poet. zeitvertr. 140 (1725).

LIEBESNOTEN. ein sänger .. der .. seine liebe bei allen banketten besungen hatte, ohne dasz die leute eigentlich wuszten, auf wen seine liebesnoten anspielten. ARNIM kronenwächter 3. buch, 1. gesch. (s. 209 Speemann).

LIEBESÖL.
wo wahre treu im herzen glimmt,
verbrennt auch nicht in sarch und hölen
das liebesöl verknüpfter seelen.
LOHENSTEIN Cleopatra 4, 688 fg.
der fürst wird doch umbsonst sein liebesöl vergieszen
auf meines herzens kalk.
LOHENSTEIN Ibrahim Sultan 1, 120 fg.
die schönheit spricht:
lasz einen blick nur auf mich, sonne, schieszen,
so wird dein schnee in liebesöl zerflieszen.
ebd. 2, 591 fg.
die myrrhen schwitzen noch ihr brünstig liebesöl.
MÜHLPFORT leichenged. 19 (1684).
dies schwesterliche paar, das voll von flammen henket, (*die brüste*)
von auszen jedes herz mit liebesöle tränket.
MÜHLPFORT 2, 149.

die brust ist lamp und herd, die flammt von liebesöle.
NEUKIRCH 3, 41; ebd. 4, 120, 195; 6, 5.
vgl. auch lieböl:
was nicht im liebõl brennt, das ist ein falsches licht.
JOH. SCHEFFLER cherub. wandersm. 5, 112 (ausg. v. 1675).

LIEBESOPFER, als überschr. bei RÜCKERT 5, 309.

LIEBESOPFERHERD.
kommt zum liebesopferherd, o kommt zum fouertempel
und vom licht zurück ins dunkel schreck' euch kein bedräuer.
RÜCKERT 7, 274.

LIEBESORT.
o süßes ahnen, süßes sehnen,
hier ist dein trauter liebesort.
E. M. ARNDT 536 (waldgruß 1846).

LIEBESOTHEM = liebesathem TIECK ged. 1, 192.

LIEBESPALAST. von den brüsten NEUKIRCH 4, 13.

LIEBESPALME.
(ein grab) das unbefleckte treu mit liebespalmen krönet.
MÜHLPFORT leichenged. 57 (1667).

LIEBESPANIER.
daß ich frei und sicher bin,
deckt er mich mit liebspanieren.
OPITZ 3, 11 (hoheslied).
o wach du selbst und laß dein liebspanier
mich rings herum mit tausend schilden decken.
GOTTFR. ARNOLD geistl. liebesfunken 200 (1698).
einge ursach der vergebung,
glut der göttlichen belebung,
Jesu, unser liebspanier!
ZINZENDORF teutsche gedichte 250 (1731).

LIEBESPARADIES.
mein hartes schicksal hab ich zu beklagen,
das aus dem ganzen liebesparadiese
mich hier zum fernsten winkel hat verschlagen.
RÜCKERT 3, 127 (edelstein und perle).

LIEBESPERLE (bildlich für liebe).
blitzt nun ein klarer strahl noch aus der augen rosen,
so ist die liebesperl im herzen schon geronnen.
LOHENSTEIN rosen 88.
desgl. ebd. 80 u. NEUKIRCH 4, 189.
anders: liebesperlen aus entfernter flur.
A. v. DROSTE-HÜLSHOFF 2, 229 (Walther).

LIEBESPEST.
hat dich der grimme schmerz, die liebespest, gedrücket?
A. GRYPHIUS sonette 1, 41 ('an Callirhoen') ausg. v. 1663 s. 633, bei TITTMANN lyr gedichte von A. GR. s. 19.

LIEBESPFIFF.
das sind nun die herrlichsten kniffe,
die allerprobatesten liebespfiffe.
KÖRNER 2, 213.

LIEBESPLAN (geistlich).
weisheit, langmut, ernst und milde
leiten dich auf deiner bahn;
dort in Edens lustgefilde
war dies schon dein liebesplan.
J. STILLING bei GÖDEKE elf bücher 1, 678.

LIEBESPFLASTER.
Anchisens lieben muß
ihr liebespflaster sein.
LOHENSTEIN Venus bei NEUKIRCH 1, 283.
d. h. Venus entschädigt sich durch die liebe des Anchises, nachdem ihr verhältnis zum Mars gestört ist.

LIEBESPFLEGERIN.
verbreite deinen dichten verhang, nacht,
du liebespflegerin.
SHAKESPEARE Romeo n. Julia 3. 2.

LIEBESPFORTE.
so geht man durch die liebespforte
mit desto größrer anmut ein.
MENANTES allern art 254.

LIEBESPILGER.
ihr liebespilger werft den stolz von euch.
RÜCKERT 1, 304.

LIEBESPILLE.
vergönnte der kaiser mir,
traut' ich kühnlich zu, die liebespillen ihr
mit farben schönsten golds nicht fruchtlos einzulegen.
LOHENSTEIN Ibrahim Sultan 2, 253 ff.
der mann dreht liebespillen für einen alten advokaten, der morgen heiraten will. LESAGE der hinkende teufel cp. 2 s. 26 (neue ausg. bei Spemann).

LIEBESPLATZ.
geh, lege sie (die erinnerung) dem jugendschatz
deiner ersten zwanzig jahre bei,
so blüht am warmen liebesplatz
sie ewig jung, ein grüner mai.
E. M. ARNDT gedichte 642.

LIEBESPOL.
gute nacht, mein liebespol.
NEUKIRCH 4, 158.

LIEBESPORT.
er ruht im liebesport.
NEUKIRCH 2, 3.

LIEBESPOSSEN. m. hingegen ist er geizig, ungeschickt, fehsches geistes, undiensthaftig, unsorgfältig, unfähig einen ahrtigen liebes-possen vohr-zubringen oder ein liedlein, das händ und füße hat, zu tichten.
ZESEN Ibrahim 2, 362 (1645). als der Alzimedon alzeit bei der Glizere stak, sich mit ihr küssete und mit anderen libes-possen gemachlich die zeit vertrieb. ZESEN Sofonisbe 569 (1647).

LIEBESPOST.
also, wenn ein sanftes windgen
unter meine wangen geht,
denk ich, daß von deinem mündgen
diese liebespost entsteht.
NEUKIRCH 3, 90, entnommen aus CHR. WEISE überfl. gedanken 13 (4. aufl. v. 1692).
Salomo, der auf dem ost
reitend sich ließ wiegen,
und Hudhud mit liebespost
ließ nach Saba fliegen.
RÜCKERT 2, 313.
ewig sendet mir dein schwarzes
auge süße liebespost.
PLATEN 2, 48 = ghaselen 94.

LIEBESPOSTILLON.
und 'nen ehemaligen diener des baron
wählte man zum liebespostillon.
KORTUM Jobsiade 3, 77.

da bekam denn Veit, als ein mensch von geprüfter treue, das ämtgen, daß er liebespostillon ward. VEIT ROSENSTOCK 421 (1776).

LIEBESPREDIGT, *eine art spiel.* die Italiäner führen auch noch viel audere spiele, welche nicht nachzuspielen, als von der liebespredigt, wann man einem beredten freier auferlegt aus einem poeten einen text zu nemen und eine predigt darüber zu machen HARSDÖRFFER frauenz. gespr. 8, 417 (1649); *desgl. ebd.* 418. mit welcher langweiligen liebespredigt habt ihr da eure gemeinde müde gemacht! SHAKESPEARE Wie es euch gefällt 3, 2.

LIEBESPRESSE.
die liebespresse sucht aus mir den saft zu winden.
ABSCHATZ verm. gedichte 126.

LIEBESPRIESTERIN.
du selbst magst göttin sein
und liebespriesterin.
LOHENSTEIN Agrippina 2 122 fg.

LIEBESPROCESS.
so geht der liebsproceß:
der liebste will die braut verklagen.
CHR. WEISE notw. gedanken 197 (1674).

LIEBESPROTOKOLL. GÜNTHER 165.

LIEBESPSALM.
er erdichtet liebespsalmen,
singet, springet, jubiliret,
seine hände sind voll palmen,
seine seele triumphiret.
G. ARNOLD göttl. liebesf. *vorrede.*
und es schaukelt sanft im lilienkahne
meine seele auf dem oceane,
liebespsalme, friedenshymnen singend,
myrtenzweig' und weiße fahnen schwingend.
ANAST. GRÜN 58 (sonntagsmorgen).

LIEBESPUFF.
mord und todschlag taug hier nicht,
denn wir stürben sonsten alle:
und was taug der puff zu Halle,
wo man liebespüffe kriegt?
CHR. WEISE überschr. ged 75 (1692, *in einem liede das mit einer reihe von übernamen spielt.*

LIEBESPULVER.
was ist
nun wohl diss liebespulver? gift!
RÜCKERT 9, 332 (Herodes u. Mariamne).

LIEBESRANK. da ich vernahm, daß der Alzimedon .. meiner nur spottete und die anlokkungen und liebesränke, die ich gebrauchte, verlachte. ZESEN Sofonisbe 631 (1647). darüm erdachte sie diesen liebesrank ZESEN Assenat 101.
alleine weißt du nicht noch andre liebesränke,
was wunder, daß er sich in Flavien verliebt?
NEUKIRCH 4, 373.

LIEBESRANKE.
suchst du einen blumenwald, wo ein kuß des frühlings
hundert liebesranken berst?
RÜCKERT 5, 224.
du reis, des liebesranken
so zärtlich um die ulme ranken.
IMMERMANN Tristan 17.

LIEBESRAST.
leg', entraff der liebesrast,
nun das kleid des königs an.
RÜCKERT 6, 187.
was soll ich dir bereiten,
du wunderlieber gast?
ich möchte dich verleiten
zu langer liebesrast.
A. v. DROSTE-HÜLSHOFF 3, 48 (geistl. jahr).

LIEBESRAT.
hat er sie von ewigkeit dazu erlesen,
wozu sie sein liebesrat neulich geführt.
ZINZENDORF teutsche gedichte 47 (1722) an die gräfin Theodore Reußin; *vgl. ebd.* 120 (1724).
große gottheit! ich erstaune
über deinen liebesrat.
ebd. 209 (1728).
o du durch angst und schmach und todesschmerzen bewährter freund! dein liebesrat ist leicht;
du forderst nichts was man nicht hat.
ebd. 232 (1729).
weil aber dein liebesrat also beschlossen.
ebd. 148 *ebenfalls mit beziehung auf Christum.* laß mich sehen dein regieren,
dein erziehen, schützen, führen,
deinen heils- und liebesrat.
maiblumen, (lieder einer stillen im lande hsg. v. G. KNAK. 8. *aufl.*) 82.

LIEBESRÄTSEL. ich weiß wol, daß ihr mit liebesrätseln, die wir uns kaum selbst auflösen wollen oder können, bekannt seid. HIPPEL chu 159. *ausg. v.* 1872.
werde nicht irre
am dunkeln liebesrätsell sinn' und harre
bis sich's dir lieblich wie ihr haar entwirre.
RÜCKERT 5, 111.

LIEBESRAUB. MÜHLPFORT hochzeitged. 151 (1681). *desgl.* NEUKIRCH 1, 384, J. C. GÜNTHER *ebd.* 7, 140.

LIEBESRAUCH.
der ehre feuer im liebesrauch ersticket.
LOHENSTEIN Ibrahim Bassa 1, 468.

LIEBESREGENBOGEN.
jedes zeil' ein liebesregenbogen,
jedes wort ein lichterstern im blaue.
RÜCKERT 1, 432 (*vom ersten brief des geliebten*).

LIEBESREGUNG. wie großer herren liebesregung mehr als zu oft jammer und not zur nachfolge gehabt. HOFFMANNSWALDAU *vorrede zu den heldenbriefen.* daß ich etlicher erläuchter häuser ... längst verrauchte liebesregungen zu erfrischen mich unterstanden. *ebd. vgl. auch* Uz 2, 213 (1767):
der stolz durch kalten stolz
der liebe regung dämpfte.
lieberegungen GRIMMELSHAUSEN Simplic. 2, 25 s. 171 BRAUNE, *wo Tittmann* lieberegungen *giebt.*
der graf, aufmerksam auf die liebesregung.
GRIES ras. Rol. 23, 68 = *bd.* 3, 130 (1827).
noch hatte er [*Göthe*] .. die schuldvolle schwäche nicht abgelegt, weiblicher anmut nur allzuleicht sich zu öffnen und keimende liebesregung nicht sorgsam zu überwachen. HETTNER d. litt. 3, 2, 526 (1870).

LIEBESREICH.
hat sie durch ihre schönheit gleich
zuerst mir die sinne genommen.
doch ist sie zu dauerndem liebesreich
nur durch ihre anmut gekommen.
  RÜCKERT 5, 357 (östl. rosen)
wo ich, ein könig ohne unterthanen
oft blickt' ins thal auf meine liebesreiche.
  ebd. 1, 315.

LIEBESREICH. *adj.*
o satzung. die durch liebesreiche macht
ein jedes ding, ich weiß nicht wie, verbindet.
HOFFMANNSWALDAU getr. schäfer *schlußchor* s. 83.

LIEBESREIM, liebesreime *überschrift*
bei SIMON DACH 877.
die jahreszeit, die den himmel heiter macht, ...
macht nun auch mich auf liebesreim bedacht.
  GRIES verl. Rol. 2, 20. 1 = 3. *teil* p. 329.
licht meiner augen, meines herzens leben,
durch das mein lied so holden klang gewann,
das süßen liebesreim mir eingegeben,
o hauche jetzt mich mild und hülfreich an.
  GRIES verl. Roland 2, 4, 1 = 2. *teil* p. 305.

LIEBESREIZERIN.
halt, liebe Roseemund die liobes-reizerinnen,
die lieben augen weg.
  ZESEN jugendflammen 42 (1651).

LIEBESREIZERLEIN. *verdeutschung von*
amoretton:
ich schiek ihr einen strauß nach landes sitt' und
  recht,
darin ihr lieber nam', ihr wapen und geschlecht
durch liebesreizerlein mit perlen wird bekränzet.
  ZESEN hochdeutscher helikon 2³ 1, 5 (1649).

LIEBESRENTE.
das ist ein segensvoller stand
wo der verlobten sinn nach liebesrenten
  trachtet.
  NEUKIRCH 5, 165. *desgl. ebd.* 166.

LIEBESRENTNEREI. *ebd.* 166.

LIEBESREU.
ach, was ist so bitter als liebesreu,
wenn die goldenen schlösser verschwunden!
  GEIBEL neue gedichte 22.

LIEBESRING. *überschrift bei* MÜHLPFORT
hochzeitged. 56 (1674).
durch euren liebesring wird freud und lust ge-
  stiftet. *ebd.* 58.

LIEBESRINGEN. *subst. n.*
sieh, es ist ein liebesringen,
welle haschet die flüchtige welle.
  TIECK kaiser Oktavianus 390.

LIEBESRISS. *auch der riß, den der tod*
in die liebe der ehegatten gemacht hat:
es war ein liebesriß *(frz.: c'est un élan d'amour).*
  A. GRYPHIUS schwärm. schäfer 1, 303 (Palm).
drumb weine nicht, mein schatz, um diesen
  liebesriß.
  NEUKIRCH 1, 143.

LIEBESRITTER. indem er .. seine freude
darüber äußert. daß es dem liebesritter
so ergangen. DÜNTZLER Göthes gedichte 2, 378.
auf, ins gewehr, streitbare liebesritter!
  SHAKESPEARE liebes leid und lust 4, 1.

LIEBESROMANZE.
liebesromanze von fräulein luft und junker duft.
  RÜCKERT 3, 03 (*überschrift*).

LIEBESROSE. ZESEN poet. rosenwälder
vorschmack 20 (1642).
nun hat den opfertisch die Venus selbst bereit,
umb den der hymen euch die liebesrosen streut.
  MÜHLPFORT verm. ged. 13.
weil Venus unser hochzeitsbette
mit liebesrosen will bestreun.
  MÜHLPFORT 2, 25
laßt seele, leib und geist auf liebesrosen weiden.
  LOHENSTEIN rosen 90.
du aber sollst daraus die gute deutung ziehn,
daß dir zum andernmal hier liebesrosen blühn.
  NEUKIRCH 3, 149.
wenn sich die lust nach kurzem weigern schicket
und dann die hand die liebesrosen pflücket.
  MENANTES allerh. art 245.
sehn *[will ich]*, ob aus liebesrosen, trauer-
  nesseln,
noch kränze flechten können die kamönen.
  RÜCKERT 1, 335
geistlich:
wenn meine pflichten oft mich drücken,
so muß ich liebesrosen pflücken
aus seinem bittern kreuzestod.
  A. v. DROSTE-HÜLSHOFF 3, 197.

LIEBESROT. *subst. n.*
wenn der rose liebesrot
ist im kurzen lenz erblüht,
bleibt in erdenwinternot
dir kein trost, o mein gemüt:
blick hinauf.
  RÜCKERT 2, 506.
doch Bradamante ward schon auf den wangen
des holden fräuleins liebesrot gewahr
  GRIES verl. Rol. 3. 9, 11 = 4. *teil*, p. 370.

LIEBESRUF.
noch sang der vögel keiner
mir seinen liebesruf:
doch er godachte meiner
der sonn' und mond erschuf.
  I. G. JACOBI (vertrauen) *bei* WACKERNAGEL
    lesob. 2³ 552.
wie die blum' im thal.
wie der stern in lüften,
dessen liebesruf ein strahl,
deren sprach' ein düften.
  RÜCKERT 1, 578.
zum himmel ihn ich jede nacht den liebesruf.
  ebd. 5, 201 *und in demselben gedicht (ghasel)*
  noch neunmal.

LIEBESRUHE.
ich will drauf sinnen tag und nacht,
wie ich dir wohl was liebes thu'.
was ist doch all der feste pracht
gen meines hauses liebesruh!
  OSK. v. REDWITZ Amarantha stille lieder
    bei SCHENKEL-PALDAMUS 8, 459.

LIEBESRÜHRUNG. es ist gewiß, daß
die tugend die kräftigsten lieberührungen
aus einem aufrichtigen gemüthe entfündet.
ZESEN Ibrahim 1, 211 (1545).

LIEBESRUTE *vgl.* liebesschlag.
denn des vaters liebesrut
ist uns allewege gut.
  str. 4 des liedes. komm, o komm, du geist
  des lebens. *im Bernburger gesangbuch vom*
  jahre 1728 s. 404 hinter Joachim Neanders
  geistr. bundesliedern. neuere gesangbücher
  (Porst, Elsners liederschatz, unverfälschter
  liedersegen (Berl. 1851), *schles. kirchen-*
  und hausgesangbuch) bieten des vaters
  liebe rut.

LIEBESSAAT. LOHENSTEINS Venus *bei* NEUKIRCH 1, 262. *den pl.* LOHENSTEIN Ibrahim Sultan 3, 454.
   unglücklich glück! ich seh der schönheit sonne,
   die auf mein herz die liebessaaten streut.
   NEUKIRCH 3, 63.
   und herrlich wird ein lenz erblühen
   aus solcher reinen liebessaat.
   E. M. ARNDT ged. 315 (1817).

LIEBESSAFT.
   wer kost *[kostet]* den liebessaft und taumelt
   darnach nicht?
   NEUKIRCH 5, 13.
   der kleine Cypripor
   stellt uns den liebessaft wie himmelshonig vor.
   NEUKIRCH 7 *(untersuchung über Hankes gedichte).*

LIEBESSAMEN.
   würde man recht früh den liebessamen sä'n,
   so würde neben ihm sich niemals unkraut hecken.
   LOHENSTEIN rosen 108

LIEBESSATZ.
   so lerne er demnach den ersten liebessatz.
   (d. h. den ersten grundsatz im lieben)
   NEUKIRCH 5, 161.

LIEBESSCHADEN.
   steht es in ihrer kraft zu heilen liebesschaden,
   so opfer ihn (*d. h. ihnen*), um dich zu retten, gut
   und haus.
   A. GRYPHIUS schwärm. schäfer 2, 127 fg.
   (Palm s. 371)

LIEBESSCHÄFEREI. *Jakob Schwieger veröffentlichte im jahre* 1656 *gedichte unter dem titel:* 'wandlungslust, welche in allerhand anbindungs-, hochzeits-, neujahrs- u. liebesschäfereien bestehet'.
   dachte nach auf meiner freien
   flur, wie einzuführen seien
   deine liebesschäfereien.
   RÜCKERT 2, 263 (erinnerung an Oeßner).

LIEBESSCHALE.
   kommst du als thau und regen,
   so werd' ich deinen segen
   in liebesschalen fassen,
   ihn nicht versiegen lassen.
   RÜCKERT 7, 296 (die blume der ergebung).

LIEBESSCHALK *(Cupido) scheint eine bildung Zesens:*
   der kleine liebesschalk hat schon genug ge-
   blitzet.
   dichterische Jugendflammen 178 *(Hamburg* 1651).
   vergieb mir, Hyacinth, daß mir die wert' entglohen;
   der kleine liebesschalk flöst sie der feder ein.
   MÜHLPFORT hochzeitged. 44 (1671).

LIEBESSCHALL.
   drum sing' ich froh zu jeder stund
   mit hellem mutterliebesschall.
   E. M. ARNDT gedichte 156 (der mutter
   wiegenlied 1800).
   o das ist liebe, das ist liebesschall.
   ebd. gedichte 245 (1813)

LIEBESSCHAR, *liebesgötter, auch* liebesvolk *genannt; s. d. wort.*
   bald streut die liebesschar des frühlings schmuck
   und gaben,
   den rosenhagel aus, und was man sonst kan haben.
   NEUKIRCH 2, 140.

LIEBESSCHAM.
   erd' und himmel nun in küssen
   wie mit liebesscham entbrennt.
   TIECK gedichte 2, 182.

LIEBESSCHATTEN.
   liebesbilder, liebesschatten,
   sie bevölkern jeden raum.
   E. M. ARNDT gedichte 384 (1835).

LIEBESSCHATZ.
   alle kleinen liebesschätze
   unerkannt und unempfunden.
   A. v. DROSTE-HÜLSHOFF abschied von
   der jugend *str.* 2.

LIEBESSCHAUM.
   mein blut ist hin, ich trage wie der becher
   nur süßen liebesschaum in meinem busen.
   RÜCKERT 1. 583.

LIEBESSCHERFLEIN. *für diesen schönen zweck (pflege der verwundeten und kranken) sind rundumher* liebesscherflein *gesammelt.* F. ARNDT (1815) *bei* F. M. ARNDT schr. an m. lieben deutschen 1, 169.

LIEBESSCHERZ *(bei* STIELER, *aber nicht bei* CAMPE*).*
   als sie noch unbekannt
   in ihrem keuschen herzen
   zu solchem liebesscherzen
   kein rechtes merkmal fand.
   CHR. WEISE neiw. gedanken 131 (1666).
   sie küßten sich lüstern und flüsterten dreist
   und trieben viel weniges liebesscherz.
   A. BÖTTGER *bei* SCHENKEL-PALDAMUS 3, 258.
   die luft ist weich wie liebesscherz.
   GEIBEL gedichte 106.
   persönlich:
   du ziehst, als wie zur lust, in bunter seide,
   und liebesscherze stehn um dich geschart.
   RÜCKERT 5, 95.
   und mitten am eiland saßen wir,
   von liebesschern und grazien umflogen.
   ebd. 96.

LIEBESSCHIMMER.
   dies tändeln aber sei, so sagte man,
   die grenze vom platon'schen liebesschimmer.
   BYRON 5, 19 (Don Juan 1).

LIEBESSCHIFF.
   so schifft mein liebesschiff und fährt in hafen an.
   LOHENSTEIN Agrippina 1, 141.
   in dem das wetter ihm durch alle glieder blitzet,
   und er sein liebesschiff so plötzlich sieht verderben.
   NEUKIRCH 1, 126.
   so gleicht auch dein bestand den unbeständ'gen
   wellen,
   die bald das liebesschiff mit saurem sturm
   anbellen.
   LOHENSTEINS Venus *bei* NEUKIRCH 1, 243.
   so daß auch oftmals blitz, ja donner, hagelstein
   in euer liebesschiff mit haufen schläget ein.
   NEUKIRCH 8, 107.
   so muß mein liebesschiff im hafen untergehen.
   ebd. 4, 70; *vgl. ebd* 277.
   dem kiel der ewiglich vermählten
   beut ehrerbietig leisern kuß
   die felsenschar der well'n, die wogen
   ums liebesschiff in großen bogen.
   IMMERMANN Tristan 200.

LIEBESSCHIFFER.
wenn die ('Helenens gestirnte brüder') ihr düster:
  licht den liebesschiffern weisen,
so weiß man, daß ihr mast mit gutem winde fährt.
                    LOHENSTEIN rosen 60.
LIEBESSCHLACHT.
  die munde kämpften liebesschlacht.
                    IMMERMANN Tristan 206.
LIEBESSCHLAF.
wenn der eingebildte wahn aus dem liebes-
                    schlaf erwacht.
                    NEUKIRCH 5, 93.
LIEBESSCHLÄFE.
mich reut mein haß, nicht weil er nichts haßwürd'ges
                    träfe,
doch ziemt die nessel nicht um reine liebes-
                    schläfe.
                    RÜCKERT 8, 177.
LIEBESSCHLAG.
  wie wolt ich so mit freuden
den sanften liebesschlag der zarten hand er-
                    leiden!
          ABSCHATZ schwärm. schäfer 46 vergl.
                    NEUKIRCH 4, 34.
der meinen liebesschlag, mein küssen nicht
                    verachte.
                    ebd. 50
vor blaue fenster will vor liebesschläge
                    nehmen,
und welchem prügelsuppe
wie milch und honig schmeckt.
                    MENANTES allern. art 334.
          denn es sind liebesschläge,
          wenn ich es recht erwäge,
          womit er uns belegt.
          FREYLINGHAUSEN str. 6 des liedes 'mein herz,
          gieb dich zufrieden'.
          barbarische jungfrau [Diana], die nie
          mütterlichen liebesschlag gefühlt!
          MALER MÜLLER 2, 219 (Niobe 3 gegen ende).
daß mir belege aus dem 17. jahrh. fehlen, kann nur
meine schuld sein; denn das was ich kommt, freilich
ohne bindendes s, schon im sechszehnten jahrh. vor.
          den sommer sohend kein donnerwetter,
          liebschlag fallen wie rosenblätter.
          ROLLENHAGEN froschm. J lj^c *in der ausgabe*
          von 1600.
LIEBESSCHLÜSSEL. die Freye [Venus]
saß und spielt mit einem liebesschlüssel.
RACHEL *der poet s.* 85 *der ausgabe von* 1743,
in einer der verspottung Zesens gewidmeten
stelle.
LIEBESSCHLUSS.
          dann deiner waugen milch und blut
          gibt zu dem treuen liebesschluß
          nur einen kuß.
                    MÜHLPFORT 2, 138.
LIEBESSCHMACHTEN.
alles sprach nur liebesschmachten.
                    TIECK gedichte 1, 239.
LIEBESSCHMAUS.
manchen ehrbarn liebesschmaus.
          MENANTES edle bemühung 100 (1702).
LIEBESSCHMINKE.   überschrift bei
RÜCKERT 5, 330 (östl. rosen).
LIEBESSCHMUCK.
          sinken siehst du in die gruft
          zwar den liebesschmuck der erde,
          doch in sonn'gen nebelduft,
          daß die trauer lieblich werde.
                    RÜCKERT 2, 561 (herbstlied).

LIEBESSCHNACK.
auch herr Jobs fand längst nicht mehr geschmack
an jedem unschicklichen liebesschnack.
                    KORTUM Jobsiade 3, 110.
LIEBESSCHNEE.
  der waugen liebesschnee.
                    NEUKIRCH 1, 211.
LIEBESSCHOSS.
seht meine perlen an, die Venus selbst getränket
in ihrer liebesschoß.
                    MÜHLPFORT 2, 149.
viel andre wälzen sich durch alle sündenpfützen,
die doch den vätern stets im liebesschoße
                    sitzen.
                    GÜNTHERS lebensbeschr. 16.
  ins bräutgams reinem liebesschoß.
          ZINZENDORF teutsche gedichte 287 (1731).
LIEBESCHRANKE.
          Marhold saß in liebegedanken
          mat von seufzen bei der a
          als ihn gleich in liebes-schranken
          Adelmund. sein nein und ja,
          Adelmund, sein preis, geschlossen,
          und mit liebesthau begossen.
                    ZESEN jugendflammen 172 (1651).
so bleibt mein schwacher geist in seinen liebes-
                    schranken.
                    NEUKIRCH 1, 47.
manch süßer traum setzt mich in liebesschranken.
                    ebd. 395.
          in den süßen liebesschranken
          giebt es immer was zu zanken.
                    MENANTES a'lern art 367.
LIEBESSCHREIBEN.   besiehe hiervon
den berühmten Griechen Achillem Tatium
hin und wieder, Longum sophistam in seinen
liebesgesprächen und Aristaenetum in seinen
liebeschreiben. MÜHLPFORT vermischte
ged. 29. *überschrift bei* NEUKIRCH 2, 94 *und*
3, 43; KORTUM Jobsiade 1, 149.
LIEBESSCHRIFT.
aus meinem auge hat dein auge schon gelesen,
was sich vor liebesschrift hier eingeprägt
                    befand.
          HOFFMANNSWALDAU heldenbriefe 5.
in tausend blumen steht die liebesschrift
                    geprägt;
wie ist die erde schön, wenn sie den himmel trägt!
                    RÜCKERT 7, 371.
LIEBESSCHULD.
um dir die liebesschuld, mein engel, abzulegen.
                    NEUKIRCH 1, 61.
LIEBESSCHUSS.
          ja, traute geister schießen dort,
          die liebend auf mich zielen;
          wohl haucht michs an wie geisterkuß,
          wohl schießt michs durch wie liebesschuß.
                    E. M. ARNDT ged. 418 (1841).
LIEBESSCHWALL.
der brüste zärtlichkeit und sanfter liebesschwall.
MÜHLPFORT 2, 156; *vgl. in Schillers Semele:*
          wollustschwellende brust.
LIEBESSCHWÄRMEREI. *Campe ohne*
beleg. es waren Lafontainische ehemänner
und liebhaber geworden, die einen sentimentalen roman mit entzücken lesen, mit liebesschwärmerei zu dem lieben mond
aufschauen aber für weiber, kinder u. bräute,

für das ewige vaterland und den ewigen ruhm
nicht kalt und männlich dem tod in das hohle
auge schauen konnten. ARNDT geist der zeit
2², 144 (1813).

LIEBESSCHWEISS.
was preßt sie *[die liebe]* denn aus mir den liebes-
              schweiß?
    SIBYLLA SCHWARTZ († 1638) *bei* Gödeke elf
    bücher 1, 826 b.

LIEBESSEE.
ich bin ein schiff der liebessee,
das wind und wetter plaget.
              NEUKIRCH 1, 826. *ebd.* 8, 39.

LIEBESSEHNSUCHT.
eine rose, eine lilge,
die mit inn'ger liebessehnsucht
immer zu einander blühen.
              TIECK kaiser Oktavianus 24.
wo der liebessehnsucht
plötzliches keimen den erstaunten knaben
zum jüngling macht, das mägdelein zur jungfrau.
    DEBOC kleine geschichten aus Frankreich 46
(1881). *vgl. auch die stelle aus* RÜCKERT
7, 269 *unter* liebeshohn.

LIEBESSEUCHE. das würde mich von
meiner liebes-seuche genesen machen.
ZESEN Ibrahim 1, 358 (1645).

LIEBESSEUFZEN.
das liebesseufzen kan auf den vergangnen
              schmerzen
die beste kühlung machen.
    HOFFMANNSWALDAU getr. schäfer 1, 1. s. 9

LIEBESSIEG.
diesem folgt der liebessieg.
              SIMON DACH 418.
Charimunda oder beneideter liebessieg,
aufgesetzt von PHILIPP STOLLEN. Halle 1658.
titel eines schauspiels bei Gödeke grundriß 487
s. 189 nr. 196. gequälter liebessieg *ebd.*
491, § 189, 237; *titel eines stückes von Joh.
Riemer* (1679). [Richelieu] der, als er von
liebessiegen erschöpft war, die eitelkeit
hatte, seinen ledigen wagen an alle die
thüren der galanten damen zu senden, denen
er in gesunden tagen aufzuwarten die ehre
gehabt. HIPPEL ehe 153 *(ausg. v. Brenning
Lpz. 1872).*

LIEBESSIEGEL.
daß ich wie ein reiner spiegel
gegenüber dir gestellt,
löste unterm liebessiegel
die geheimnisse der welt.
              RÜCKERT 1, 588.

LIEBESSKLAVE. HOFFMANNSWALDAU
hochzeitgedichte 60 (pallast der liebe).
auf einem sofa, rings umgeben
von liebessklaven.
              WIELAND 21, 113 (liebe um liebe).

LIEBESSONETT. liebessonette eines
juristen *nennt H. v. Mühler eine reihe seiner gedichte s.* 169 ff.

LIEBESSONNE. *st.*
wo liebessonnen stehn, folgt auch der wollust
              schatten.
    LOHENSTEIN Agrippina 3, 877.

die altzame gestalt, die seltne frömmigkeit,
der jahre schöner lenz, die freundlichen geberden,
die müssen ihm allhier zu liebessonnen werden.
    MÜHLPFORT hochzeitged. 71 (1675).
die augen spiegeln sich in gleichen liebessonnen
              (augen),
in beider herzen glimmt ein unauslöschlich brand.
              ebd. 102 (1678).
wenn liebessonnen sich in dem gesicht ent-
              zünden.
              LOHENSTEIN rosen 80.
als mich der heiße strahl der liebessonne stach.
    HOFFMANNSWALDAU heldenbriefe 153.
wie durchleuchtet sah ich, wie durchfunkelt
dieses herz von ew'gen liebessonnen.
              RÜCKERT 1, 389.
du jüngste liebessonne,
              ebd. 1, 467.

lebe dann der liebessonne,
weihe diesen tag mit küssen.
              TIECK gedichte 1, 239.
all mein hoffen, meiner seele brand
und meiner liebessonne dämmernd scheinen.
    A. v. DROSTE-HÜLSHOFF 1, 180 (spiegelung).
und will er flüchten sich zur kindeshuld,
daß er im liebessonnenschein gesunde,
da mahnt es ihn wie eine teure schuld.
              ebd. 2, 201 (Walther).

LIEBESSORGE.
das was ihn heute kränkt
soll ihn in kurzer zeit, ja noch vielleicht auf morgen
entbinden aller noht und allen *(lies* aller) liebes-
              sorgen
befreien ganz und gar.
    GE. NEUMARK lustwäldchen 160 (1652). *das
wort auch* NEUKIRCH 1, 384; 2, 304.

LIEBESSPIEGEL. *titel eines von* G. NEU-
MARK *im jahre* 1649 *herausgegebenen buches*
(Gödeke grundriß 452).

LIEBESSPRUCH.
liebe sprach: nicht richtet, daß
ihr nicht seid gerichtet;
doch es wird von eurem haß
liebesspruch vernichtet.
              RÜCKERT 7, 413.

LIEBESSPUK. GÜNTHER lebensbeschr.
81. liebespuk *belegt aus Göthes Faust.*

LIEBESSPUR.
auch als ihn reich und ehur
biß an die Elbe zog, blieb doch die liebesspur
so lang als seine macht.
    CHR. WEISE notw. gedanken 86 (1675).
wie oft hab ich dich selbst auf deser liebesspur
zu nymfen hingeführt.
    MÜHLPFORT hochzeitged. 125 (1679).
mein leitstern, bleib du meine nur
und laß von dieser liebesspur
durch keine widrigkeit dich treiben.
              NEUKIRCH 2, 245.

LIEBESSTAB.
hoffnung ist ein liebesstab (hope is a lover's
              staff).
    SHAKESPEARE Veroneser 3, 1.

LIEBESSTACHEL.
weil mich kein liebesstachel sticht.
    H. W. v. LOGAU poet. zeitvertr. 829.

LIEBESSTAMM.
wie umb den liebesstamm zwar süßer zucker ist,
doch umb den wipfel man nur herbe frucht erkiest.
    HOFFMANNSWALDAU getr. schäfer 2, 1 s. 87

LIEBESSTAND.
und du ergreif den liebesstand.
SIMON DACH 178 (1645).

LIEBESSTÄRKE. *(macht, gewalt der liebe).* dieweil er der liebesstärke nie empfunden. *[Pseudo]* PHILANDER 5, 138 *(von der faßnacht vnd herrschaft der weiber)* 1648.

LIEBESSTEG.
wo schönheit und verstand die schwache treu bekämpfen,
da pflastert leicht die lust den süßen liebessteg.
NEUKIRCH 1, 66.

LIEBESSTEIN. so hab' ich ihr nur zu sagen, daß ich auch, wie der Agat und liebes-stein oder magneht und so viel andere wunder der großen zeuge-mutter, durch eine unkäntliche und vohr allen mänschen verborgene kraft würket, ebener maßen durch eine sonderliche kraft, derer uhrsachehe mier unbewust ist, unbeständig bin. ZESEN Ibrahim 2, 503 (1644).

LIEBESSTICH.
es ist ein liebesstich, der euch das blut erhitzet.
NEUKIRCH 3, 11.
gedenke mein,
ob auch von Phœbus liebesstiehen braun
und durch die zeit gernuszelt.
SHAKESPEARE Antonius u Cleop. 1, 5.

LIEBESSTIMME.
sind des weltmeers kühle wellen
süß beseelt zu liebesstimmen.
LENAU gedichte 439.

LIEBESSTOLZ.
mit schildern zwar umgab die liebe jeden,
mit bildern, gut vom liebesstolz gewählt.
BYRON 1, 77 (Harold 3, 49).

LIEBESSTRANG. *überflüssiges wort für* liebeskette *und* liebesstrick.
zieht burtig an den liebessträngen
und laßt es euch recht sauer sein.
v. KOTTWITZ verm. ged. 108 (1736).

LIEBESSTRASSE.
ein ander geh die spur der eitlen liebesstraßen;
mein herz ist doch allein in einen freund entbrannt.
CHR. WEISE überfl. gedanken 88 (1692).

LIEBESSTRICK. 1) *von haaren.*
ade, keusche liebesblick,
ohn euren schein, förcht ich, wir bald verblinden!
ade, krause liebesstrick.
WECKHERLIN s. 125 (1699) *in Gödekes auswahl.*
ihr haar, der liebesstrick, ist weißer als der schnee
NEUKIRCH 1, 85 (D. C. v. L.).
2) *allgemeiner:*
was sind die seelennetz und was die liebesstricke?
LOHENSTEIN rosen 61.
Egyptens Iris strotzt mit so viel brüsten nicht
als eine schöne frau an sich hat liebesstricke.
ebd 101.

LIEBESSTROM.
sag mir, ob ich bein flüssen
sol deiner genießen,
weil du der starke liebesstrom bist.
JOH. SCHEFFLER (1657) *bei Gödeke elf bücher d. d.* 1, 426a.

was vor ein liebesstrom mir meine brust beflleckt.
NEUKIRCH 1, 62.
wie wasser fließt, fließet mein liebesstrom um
dich.
E. M. ARNDT gedichte 106 (liebesgeflüstor, um 1804).
man schaut sich an und spricht kein wort,
und möchte sinnen nur und lauschen
dem liebesstrome fort und fort.
O. CHR. DIEFFENBACH seligste liebesstunden *bei Schenkel-Paldamus* 3, 449.

LIEBESSTÜCK.
in tausend liebesstücken.
SIMON DACH 771.

LIEBESSTUDENTEN.
ihr damen sogenannt, die krausen complimenten,
die euch das leichte volk der freien liebesstudenten
in enre sinnen geust, die schwellen curen mut.
LOGAU 2, 3, 59, 101.

LIEBESSTUNDE.
das leben wird zur liebesstunde,
die ganze welt spricht lieb' und lust.
NOVALIS 2, 21 (geistl. lieder aus den hymnen an die nacht).
das sind die besten liebesstunden,
wenn man sich still die hände reicht,
wenn sich die herzen ganz gefunden,
und alles arme reden schweigt.
O. CHR. DIEFFENBACH seligste liebesstunden *bei Schenkel - Paldamus* 3, 447.
dies trübe bild verblühter liebesstunden,
das male dor, dem lieb' und freude lacht.
E. SCHULZE bezauberte rose 1, 59.

LIEBESSTURM.
kein liebessturm noch wetter.
MENANTES edle bemühung 72 (1702).
redout' und batterie war so beglückt gegründet,
daß, ob zwar mancher schuß vor härte weggeprellt,
der überwinder doch itzt das vergnügen findet,
daß er den liebessturm auf holde brechen stellt.
H. W. v. LOGAU poet. zeitvertr. 262.
weil ich dem liebessturm nicht frisch entgegengieng.
GÜNTHERS lebensbeschr. 82.
sie schlug den liebessturm und mein begehren ab.
ebd. 83.
denn kein angezündet herz
widersteht dem liebessturme.
TIECK kaiser Oktavianus 371.
sind alle eure schiffe denn zerschlagen:
sieht man die hoilge flagge dich aufrichten,
vom liebessturm, der jene, mußt' vernichten,
doln jungcs schiff siegreich hinweggetragen.
EICHENDORFF 1, 363.

LIEBESSUCHT. *Campe aus Soltau.*
wenn einen die liebessucht befällt.
WIELAND 21, 20 (liebe um liebe).

LIEBESSÜNDE.
und kanst du wahrer lieb erhitzte brunst empfinden
so strafe nicht an mir die süßen liebessünden.
HOFFMANNSWALDAU getr. schäfer 5, 9, s. 191.
soll ich denn keine ruhe finden
vor nie begangne liebessünden?
NEUKIRCH 2, 334.
du tadelst auch an mir die kleinsten liebessünden.
ebd. 3, 54; vgl. 4, 77.
falle nicht der strengen meinung bei,
daß liebessünden nur sind durch den tod gehoben.
ebd. 6, 2.

LIEBESTAFEL.
komm, weil die sterne dir zur liebestafel winken.
NECKIRCH 1, 67.

LIEBESTÄNDELEI.
ich giengo auch
nach meinem branch
den liebeständeleien nach.
STOPPE gedichte 1, 126 (1728).
die liebeständeleien Wielands, J. G. Jacobis und der süßlichen sonstigen Anakreontiker. DÜNTZER Göthes lyr. ged. 1, 52.

LIEBESTANZ.
um ihr bräutliches geschmeide
buhlet er im liebestanz.
RÜCKERT 2, 434.

LIEBESTAUSCH.
der himmel lass' euch stets nichts als vergnügen
schauen,
und euren liebestausch von lauter segen blühn.
MENANTES edle bemühung 124 (1702)
im liebestausch von welt und sinn hervorgebracht.
RÜCKERT 3, 485.

LIEBESTAUSCHEN. *subst. n.*
o welch ein süßes liebestauschen!
man schaut sich an und spricht kein wort.
O. CHR. DIEFFENBACH seligste liebesstunden
bei Schenkel-l'aldamus 3, 448.

LIEBESTEMPEL. liebstempel HARSDÖRFFER frauenz. gesprächsp. 3, 123 (1643).
liebestempel, grüne hütte.
BIRKEN friederfreute Teutonia (1652·
bei Gödeke elf bücher d. d. 1. 852 b.
so lange wird dein preiß mein athem, deine pein
mein singen, deine brust mein liebestempel sein
LOHENSTEINS Venus bei NECKIRCH 1, 293
mein liebestempel wird an seiner göttin leer.
NECKIRCH 4, 40; d. h. die geliebte ist von einem andern weggenommen vgl. auch 3, 148 = 6, 148; das wort auch bei H. W. v. LOGAU 205 (1725).

LIEBESTEUFE.
steigend zur heiligen liebesteufe.
E. M. ARNDT gedichte 92 (1804).

LIEBESTHAL.
erquickt uns Sarons au mit tausend süßen blumen,
so macht das liebesthal die sinnen ganz entzückt.
MENANTES allern. art 111.

LIEBESTHAUEN. *n.*
ja sterne sind sie [Almas augen], sie sind lichte
bronnen,
blumen, ihr sehn ist wie ein liebesthauen.
TIECK gedichte 1, 205.

LIEBESTHOR.
die glatte bahn zum liebesthor.
NECKIRCH 6, 44. vgl. liebespforte.

LIEBESTHRON.
geht nun mit freuden hin in die geschmückte
kammer,
wo euer liebesthron frisch aufgebettet steht.
NECKIRCH 3, 144; ähnlich ebd. 4, 67.
allgemeiner:
was wohnen strenge musen
am steilen Helikon?
am weichen meeresbusen
ist unser liebesthron.
RÜCKERT 1, 472.

sag an, wo steht der goldne thron,
der goldne thron der liebe?
sahst du noch nie das siebengestirn?
das flammt gleich einer keto
wohl durch die nacht am himmel;
das schließt den liebesthron rund ein.
MALER MÜLLERS schafschur bei WACKERNAGEL leseb. 2³ 927.
in der originalausgabe jedoch (Mannheim bei C. F. SCHWAN 1775) steht liebensthron, *ebenso s.* 16 u. 18, *desgl. ebd.* 20, 21, 22, 23: liebensgott.

LIEBESTIEFE.
schön und einfach, stille liebestiefe,
ja, es war dein ganzes bild im briefe.
RÜCKERT 1, 626.

LIEBESTISCH. *(allegorisch).*
auch dies wird deinem liebestische
durch einen schönen Herbst beschert.
GÜNTHER 216 *in einem hochzeitgedicht; die braut war eine geborene Herbst.*

LIEBESTOD.
gefährtin meiner jugend,
ihr bilder beßrer zeit,
die mich zu männertugend
und liebestod geweiht
SCHENKENDORF 165 (erneuerter schwur).
neigst euch den frömmsten werken,
euch dem schönsten liebestod,
seht die wunde krieger stärken
mit dem wort, mit wein und brot.
ebd. 213.
nichts süßer ist als liebespein,
nichts lustiger als liebesklagen,
nichts fröhlicher als liebesnot,
nichts seliger als liebestod.
E. M. ARNDT 239 (1813).

LIEBESTORMENT. am großväterlichen busen mitleid und trost in seinem liebestorment zu finden. J. G. MÜLLER herr Thomas 4, 261 (1791).

LIEBESTRAUBE.
Gott lob, daß noch dein aug die liebestrauben
schaut.
G. ARNOLD göttl. liebesfunken 57 (1698).
poet. umschreibung und ausführung des hohen liedes 8, 12.

LIEBESTRAUER.
o heldenliebestrauer.
SCHENKENDORF 44 (der Durlacher turm).

LIEBESTREMPEL.
niemand darf dir zu gefallen
einen liebestrempel gehn;
denn der esel ist für allen
doch in deinen augen schön.
CHR. WEISE überfl. gedanken 4, 6 (*ausgabe von* 1692).

LIEBESTRIUMPH.
zu luftigen höhen durfte sich ringen
im liebestriumphe ein jünglingsherz.
IMMERMANN Tristan 224.

LIEBESTROST.
versichert euch gewiß, ihr werdet solche lehren
und solchen liebestrost zu eurem vortheil hören.
CHR. WEISE überfl. gedanken andere gattung 86 (1692).
daß allhier
uns solch ein liebestrost verdirbt,
drum müssen wir betrübet werden.
ebd. notw. ged. 260 (1671).

reines weib, das nie gefehlet,
lächelt noch im liebentauch:
denn sie schied mit dem versuch,
sel'gen **liebestrost** zu sagen.
UHLAND (1816) *im sängerstreit mit Rückert,
abgedr. bei Rückert 7, 54.*

LIEBESTUGEND.
an ihrer schönen jugend,
an ihrer höflichkeit,
an ihrer **liebestugend**,
ist gar kein unterscheid.
CHR. WEISE überfl. gedanken 1, 11 (*ausgabe
von 1802*).
die verborgne **liebestugend**.
ebd. 7, 4.

LIEBESÜBELTHÄTER.
o schöne nymfe, freue dich.
dein leib, der vor besorgte sich
für **liebes-übelthätern**:
nachdem er laub und schatten giebt,
so wird der schöne baum geliebt
von menschen und von göttern.
OPITZ DAPHNE, *wiederholung des ersten drucks
vom jahre 1627 im 1879er programm des
gymnasiums zu Torgau; in den späteren
ausgaben ist das wort durch änderung der
zeile beseitigt.*

LIEBESÜBUNG.
zügelaßne **liebesübung**. überschrift eines gedichtes bei ZESEN jugendflammen 109 (1651). ebenso führt eine sammlung von JOACH. NEANDERS († 1680) geistl. liedern *die überschrift* glaub- und **liebesübung**. *vergl.* WACKERNAGEL lesebuch 2, 489, 490.

LIEBESUHR.
bald geht ein glückastern auf, bald schlägt die **liebesuhr**.
H. W. v. LOGAU poet. zeitvertr. 277; *ebd.* 270 *als überschrift:* die wohleingerichtete **liebesuhr**.

LIEBESUMGANG.
dessen [Gottes] ewig währender treue, leitung und allersüßesten (lies -em) **liebesumgang** Ew. Hochfürstl. Durchlaucht ich innigst erlasse. GOTTFRIED ARNOLD geistl. liebesf. zuschrift (1698).

LIEBESUNGEMACH.
weil sie [die liebe] nie will heil verkünden,
meinem **liebesungemach**.
RÜCKERT 5, 120.

LIEBESUNSCHULDSTRÄUME.
alle **liebesunschuldsträume** meiner kindheit
RÜCKERT 1, 615.

LIEBESUNTERRICHT. BYRON 5, 19
(Don Juan 1).

LIEBESURTEIL.
denn mancher narre will mein **liebesurteil**
machen,
und teilet mir bald dies, bald jenes mädgen zu.
MENANTES allerh. art 81.

LIEBESVERBINDUNG.
Gott, der stifter und urheber aller **liebesverbindungen**. CHR. WEISE notw. gedanken 676 (1675) aus einer hochzeitsrede einen beleg aus unsern tagen bieten Düntzers anmerkungen zu Göthes ital. reise, bd. 24, 910 (Hempel).

LIEBESVERBRECHEN.
ich unglückseliger vater habe meine **liebesverbrechen** durch diese verfluchte zucht gnugsam gebüsset. HARSDÖRFFER frauenz. gespr. 5, 272 (1645).

LIEBESVERDACHT = eifersucht.
die Livie welche sonsten auf die Aurelie einen **liebes-verdacht** geworfen. ZESEN Ibrahim 2, 422 (1645). weder di furcht noch der **libes-verdacht** kan ihm etwas anhaben. ZESEN Ibrahim Bassa 2, 403 (1645) man kan nimmermehr ohne **libes-verdacht** verliebt sein. *ebd.* 406; ja der **libes-verdacht** ist das einzige unzweifelhafte Märk diser liblichen leidenschaft. *ebd.* 406. daß ihn der **liebesverdacht** also kränkte. *ebd.* 469.

LIEBESVERDÄCHTIG d.h eifersüchtig.
dehr ich üben so wenig **libes-verdächtig** sein kan als der Hornhz; dehr ich meine höchste lust habe und es führ mein größtes glükke schätze. wan ich mitbühler nähen mihr sähe. ZESEN Ibrahim 2, 399. ich bin **libes-verdächtig** und habe gleichwohl keinen mitbuhler. *ebd.* 2, 467. ich habe keinen mitbuhler . . und bin gleichwohl der aller-**liebesverdächtigste** mänsch der ihmahls sein mahg. *ebd.* 2, 470. *desgl. ebd.* 472 u. o

LIEBESVEREINIGUNG.
herzliche, aufrichtige und zärtliche **liebesvereinigung**. BRASTBERGER zeugn. evang. der wahrheit 417 (vor 1758).

LIEBESVERGLEICH.
was allhier unter der rose geredet worden, gebühret uns nicht nachzuschwatzen, doch wollen wir dieses sagen, daß der unterliche **liebesvergleich** in einem stündlein volkömlich getroffen worden. ZESEN Assenat 222.

LIEBESVERKNÜPFUNG. HARSDÖRFFER
frauenz. gespr. 6, 8 (1646).

LIEBESVERS.
denn **liebesverse** sind nur gegen dem ein traum,
was ihr itsunder wolt in eurem herzen schlichten.
NEUKIRCH 5, 15.

LIEBESVERSLER.
weil die meisten **liebesversler** schlechte dichter sind. CAMPE verdeutschungswörterbuch 661 führt die stelle unter versifex aus der hamburgischen 'neuen zeitung' an.

LIEBESVERSICHERUNG. register zu
MENANTES allerh. art. DÜNTZER, Göthes westöstl. divan 344.

LIEBESVERTRAUN.
blickt getrost
zum leuchtenden ost
mit **liebesvertraun**.
RÜCKERT 2, 92.

LIEBESVERWANDT.
was thust du Oranten,
meinem **liebesverwandten**?
SIMON DACH 475.

LIEBESVERWIRRUNG. in ihrer eigenen angelegenheit und liebsverwirrung. GRIMMELSHAUSEN vogelnest 2, 9 *(simpl. schr. 2, 200 Tittmann)*.

LIEBESVERZWEIFLUNG. *überschrift* bei TIECK gedichte 2, 224.

LIEBEVISITEN (: auszubitten) MENANTES allern. art 146.

LIEBESVOGEL.
glückselig, wem die melodie
des lebens wird gesungen
von solchem liebesvogel, wie
im traum von engelzungen.
RÜCKERT 2, 192 *(zur vermählung einer sängerin)*.

LIEBESVOLK. amoretten vgl. zu liebesengel.
es eilt das liebesvolk und läufet in die wette
es träget mit der braut den bräutigam zu bette.
MÜHLPFORT hochzeitgedichte 6 (1658).
es kühlt sie keine luft vom rauschenden gefieder
des zarten liebesvolkes.
ebd. 61 (1674).
ihr schönes liebesvolk erschien in güldnen
haaren.
ebd. 32 (1668).
das kleine liebesvolk, die nackten amouretten
ebd. 145 (1680) vgl auch NEUKIRCH 2, 139.

LIEBESVORSTELLUNG. *[Petrarca]* beherrscher jener welt von liebesvorstellungen, der er durch den sentimentalen hauch seiner lieder einen ganz neuen reiz zu geben wusste. VOIGT wiederbelebung d. klass. altert. 1² 22.

LIEBESVORZUG.
es mischet sich kein zwist ins band des friedens ein,
als wer dem andern soll den liebesvorzug
geben.
MENANTES allern. art 104.

LIEBESWÄCHTER.
die nackte flügelschar der kleinen liebeswächter
eilt zu der Venus thron.
MÜHLPFORT hochzeitged. 70.
Hymen kommt, der liebeswächter, und sagt was
die braut gethan.
ebd. 2, 18

LIEBESWAFFE.
du must nu herz und mut nur unerschrocken sein,
und daß sich deine hand mit liebeswaffen rüste.
MÜHLPFORT hochzeitged. 130.
Cupido nennet uns ja seine liebeswaffen
[die brüste].
NEUKIRCH 1, 33; vgl. *ebd.* 2, 2

LIEBESWAGE. die liebe pfleget der gerechtigkeit waage zu gebrauchen .. die übermaß der demut kan solcher liebeswaage einen ungleichen ausschlag geben. HARSDÖRFFER frauenz. gespr. 5, 344 (1645).
die liebeswag' den himmel sinkt,
die hoffnung sich zum erdball schwingt.
MALER MÜLLER 2, 46 (Golo u. Genoveva 2, 4).

LIEBESWAGEN *subst. m.*
ear liebeswagen wird geführt von reinen
schwanen.
NEUKIRCH 3, 144.
kein häßlich rabe zeucht an meinem liebeswagen.
ebd. 6, 6. vgl. BESSER 669 (1631).

sackerloth, was das herum geht, rechts und links, har und hot mit dem liebenswagen! *sagt schulmeister Schultz bei Maler Müller schafschur* 23 (1775). *vgl.* liebensthron und liebensgott u. d. w. liebestbron.

LIEBESWAGEN *(subst. n.)*.
er wars, der hier und dort mit kühnen liebeswagen
im thal, am quell, im hain nach holder minne rang.
SCHULZE Cäcilie 14, 80.
vgl.: doch der liebe kühnes wagen
eilt, vom adlerflug getragen,
frei zum holden ziele hin.
ebd. 13, 59.

LIEBESWAHL.
ich zog die tugend für in dieser liebeswahle
und stieß den ehrgeiz aus
LOHENSTEIN Ibrahim Bassa 1, 319 fg.
wer zuerst einen schatz vom himmel bittet
und von stiller demut mehr als von frechen augen
hält,
werde nach der liebeswahl mit viel segen
überschüttet.
NEUKIRCH 5, 96.
der himmel steh dir bei,
daß deine liebeswahl bald wohlgetroffen sei.
STOPPE gedichte 1, 91 (1728).
so schwer ist keine sache,
die so viel schwierigkeit und zweifelsknoten mache,
als eine liebeswahl.
ebd. 1, 206.
mit schönheit, tugend und verstand
bezahlt man heuer keine schulden
drum suchet meine liebeswahl
zum wenigsten ein capital
von sechs bis sieben tausend gulden.
ebd. 2, 68 (1729).
ich glaubte an eine freie liebeswahl und die ihr entquellende kraft, achtete die stimme des willens mindestens ebenso hoch wie die des bluts. LUISE VON FRANÇOIS Zu den füßen des monarchen 157 (1881).

LIEBESWARM.
stieß' er von sich hinweg die liebeswarme,
dann hätt' er mehr als eine menschenbrust.
BYRON 2, 80 *(der corsar* 3, 17).

LIEBESWAHRSAGERIN. liebeswaarsagerin. HARSDÖRFFER frauenz. gespr. 2², 322 (1657).

LIEBESWANDEL.
zuvor, da alles sicher war,
giengt ihr ehn liebeswandel.
SIMON DACH 937.
um ja im liebeswandel nichts zu versäumen
thaten sie gar des nachts von einander träumen.
KORTUM Jobsiade 3, 48.

LIEBESWAREN. NEUKIRCH 4, 332 und 375; MENANTES allern. art 254.

LIEBESWEBEN.
und wie den Herkules durch liebesweben
einst eine dame Lydiens überwand,
fing ihn Italien, schon ihm untergeben.
GRIES verl. Rol. 2, 27, 55 = *teil* 4, s. 112.

LIEBESWECHSEL. der beliebte liebeswechsel. H. A. v. ZIEGLER und KLIPHAUSEN *(eine überschrift in seinen biblischen heldengeschichten.* s. JÖRDENS 5, 626*)*.

o vergangne liebesfreud,
da ich liebte und so lebte
und in liebeswechsel schwebte.
VAL. STROBEL (1654) *bei Gödeke elf bücher*
1, 356a *aus dem deutschen museum*
1785.

LIEBESWEHEN.
odem, der von himmelshöhn
in die tiefe niedersendet
lebensbauch und liebeswehn.
 RÜCKERT 7, 307.
und ewig waltet nun sein geist
mit zartem liebeswehen.
 KNAK zionsharfe³ 36.

LIEBESWEHMUT.
da die harmonie
die seelen bald in liebeswehmut schmelzte,
bald kühn und stolz, mit immer höherm flug,
dem adler gleich, zum sitz der götter trug.
 WIELAND 9, 145 (briefe an Olympia). *auch überschr. bei* ARNDT *gedichte* 132 (1808).

LIEBESWEIN. *phrasenhafte bezeichnung der küsse.* NEUKIRCH 1, 211.

LIEBESWEISE *(in modum amoris).* daß das epheu sich an den steinen und gemäuer erhöhet und solche gleichsam liebsweiß umpfängt, ist jedermänniglich bekant. HARSDÖRFFER frauenz. gespr. 3, 406.

LIEBESWEISHEIT.
hört, wie der mund des biedern
Xenokrates von liebesweisheit tönt.
 GRIES Tassos befr. Jesus 2, 162 = *ges.* 16, *str.* 58.

LIEBESWELLE.
lieben ist nichts mehr als eine schifferei:
das schiff ist unser herz, den seilen kommen bei
die sinnverwirrungen, das meer ist unser leben;
die liebeswellen sind die angst, in der wir schweben.
 LOHENSTEINS Venus *bei* Neukirch 1, 243.
immer noch in mitte wein- und liebeswellenbades
schwimmt mein herz.
 RÜCKERT 5, 257.

LIEBESWELT. hinaus zu einer stillen hütte, aus welcher früh und abends sehnsüchtige lieder tönen, als ob die untergegangene liebeswelt wieder in tönen aufgehen sollte. *urteil der preisrichter über* E. SCHULZES bez. rose, s. 160 *der ausgabe von* 1844.
nur wenig lebensfunken
der künft'gen liebeswelt
sind blutigrot gesunken
ins grüne hoffnungsfeld.
 TH. KÖRNER 2, 156 (die monatssteine 1810).

LIEBESWERBEN *(s. n.) titel einer novelle von* L. TIECK (1838). liebeswerber *wird im vb. aus Schiller*, liebesworbung *aus* Bürger *(überschrift) belegt.*

LIEBESWESEN. 1. *abstrakt:*
a) *wesen der liebe:*
da kanstu satsam lesen,
was mein herz vor betrübnüsz hat
und was mein liebeswesen.
 G. NEUMARK poet. musik. lustwäldchen 62 (1652).

b) *lieblichkeit:*
deiner blitze liebeswesen,
die aus lichten augen führt.
 NEUKIRCH 2, 80.
c) *das lieben:*
wie bald verhindert man uns doch im liebeswesen!
 ebd. 4, 94.
d) *liebe, liebevolle gesinnung u. äuszerung derselben:*
und sie geloben
einander brüderschaft mit heilgem eid,
mit solcher freundschaft, solchem liebeswesen
wie nie bei einem andern paar gewesen.
 GRIES Bojardo verl. Roland 2, 22, 42 = 3. *teil* s. 385.

2. *konkret, s. v. a.*
liebevolle person, hier von Christo gesagt:
du ewige liebeswesen du,
sei ewiglich gepreiset,
daß du aus deiner tiefen ruh
uns tag für tag erfreust
 ZINZENDORF 105 (1724).
nahes liebeswesen, siehst du deine seelen.
 ebd. 342 (1733).

LIEBESWETTSTREIT.
in süszem liebeswettstreit hielt ich wach
der vögel singen und gesumm von käfern.
 RÜCKERT 3, 105 (1814).
warm im heilgen deine lieben
herzinniglich: mit ihrer theuren schar.
im liebeswettstreit dich zu üben
bring treu und freudig manches opfer dar.
 J. B. v. ALBERTI *bei* Wackernagel leseb. 2³, 1362.

LIEBESWILLE.
berg, meine lust, den, nun mich dein verdrossen,
mich suchen heißt gewohnter liebeswille.
 K. LACHMANN *übersetzung aus* Petrarca *im anzeiger f. d. litt. u. d. altert.* 6, 371 (1880).
 dann feiert liebeswille
den sabath *(so)* in der einsamkeit und heilgen stille.
 TIECK gedichte 1, 220.
schon früher in geistl. sinne: wie er aus Gott geboren ist, also verknüpfet er sich inniget durch die genaue einstimmung mit dem liebeswillen Jesu Christi. G. ARNOLD göttl. liebesfunken 272 (1698).

LIEBESWINK.
gieb mir süsze liebeswinke.
 ELSNER geistl. liederschatz *nr.* 1220 (liebe, die nicht auszusprechen *str.* 2).

LIEBESWIRKLICHKEIT.
was ist alle phantasie
gegen liebeswirklichkeit?
 RÜCKERT 1, 561.

LIEBESWOGE.
da rief ich: komm, lieb mutter, komm,
kühl dich in liebeswogen.
 BRENTANO chronik eines f. schülers *bei Gödeke elf bücher* 2, 310a.

LIEBESWOLLEN.
und es treibt zum süszen zorne,
wie sie sehnen und ermatten,
kaum erkannt ein liebeswollen.
 TIECK kaiser Oktavianus 826.

LIEBESWUND.
o sieh, hier steht der liebeswunde Proteus.
 SHAKESPEARE Veroneser 1, 2 *(love-wounded).*

wenn die bäume müssen tanzen
und der fels ist liebeswund.
        RÜCKERT 1, 539.

LIEBESWUNDER.
die liebe kocht in mir bereits das blut,
das wachstum bringt und liebeswunder thut.
        NEUKIRCH 4, 77.
das ist ein schatz der treue
für freien volksmut.
die immer noch aufs neue
die liebeswunder thut.
        SCHENKENDORF 215 (1817).
o heißer minne loher zunder,
o heilges, hohres liebeswunder!
        IMMERMANN Tristan 29.
habe deine lust am herrn;
folge seinem liebeswillen
auch in trübsalnächten gern.
        KNAK zionsharfe³ 1:13 (1843).

LIEBESWÜRDIG. GRIMMELSHAUSEN Trutzsimplex (courage) = TITTMANN simpl. schriften 1, 82.

LIEBESWÜRGER.
            dann thue
sein äußerstes der liebeswürger tod.
        SHAKESPEARE Romeo u. Julia 2, 6.

LIEBESWURM. *überschrift bei* MÜHLPFORT *vermischte gedichte* 24; *auch mehrfach im texte des gedichts.* Sileno, ein alter gebrechlicher verwalter eines vorbergs, läst sich den liebeswurm auch jucken, daß er um die Daphne werben will. MENANTES allern. art 258.
weil ihm der liebeswurm den kopf so sehr durchwühlte.
        STOPPE deutsche gedichte 2. sammlung 99 (1729).
war der giftige pfeil
des liebeswurms dem guten jungen
am tiefsten in die leber gedrungen.
        WIELAND 21, 16 (liebe um liebe).

LIEBESWURZEL.
der liebeswurzel saft verňűgt (d. i. verseigt)
        im herzen nicht,
wenn gleich des neides sturm ihr ein'ge frucht abbricht.
        LOHENSTEIN Agrippina 8, 301 fg.

LIEBESZÄRTLICHKEIT.
der tag Mariä Heil fand dich zu Jesu füßen,
vor liebeszärtlichkeit und solger ren zerfließen.
        ZINZENDORF 87 (1723).

LIEBESZAUBEREI.
Spaniens fraun sind Amazonen nicht,
vielmehr für liebeszauberein geschaffen.
        BYRON 1, 27 (Harold 1, 57).

LIEBESZAUBERKREIS. RÜCKERT 1, 583.

LIEBESZELLE.
so würd' ich denn der herr in dieser liebeszelle.
        NEUKIRCH 4, 34.

LIEBESZETTLER.
und die liebeszettler
schelte keine bettler.
        RÜCKERT 5, 288 (östl. rosen).

LIEBESZEUG. *m. liebeswaffen.*
voll unmut hätt' er schier
den liebeszeug zerbrochen.
        SIMON DACH 906.

LIEBESZEUGE.
daß nur der blitz aus holdem auge
zu gült'gem liebeszeugen tauge.
        KISKEL Otto d. schütz.

LIEBESZIEL.
wer will nach meiner lehre
erstreben liebesziel,
der soll der frauen ehre
nicht haben für ein spiel.
        RÜCKERT 5, 151.
vgl. LOHENSTEINS rosen 85:
die tugend ist sein lieb- und heiratsziel.

LIEBESZIER.
sie *(die natur)* ist ein trüber spiegel nur
für Gottes ew'ge liebeszier.
        RÜCKERT 1, 575.

LIEBESZIFFER.
es hatte die natur den ersten frauenmund,
so in dem paradieß für Gott und Adam stund,
mit liebesziffern selbst beschrieben.
        NEUKIRCH 1, 305.

LIEBESZIRKEL.
die grenz ist der natur, der see ihr ziel gestockt:
wir müssen ebenfalls den liebescirkel leiden.
        NEUKIRCH 4, 3 (C. H. v. H.).

LIEBESZOLL.
zahlt den liebeszoll.
        NEUKIRCH 4, 235.
die küsse sind ein liebeszoll.
        MENANTES allern. art 165.

LIEBESZORN.
als ich hassen wollte,
fühlt' ich nur, es schmollte
kind'scher liebeszorn.
        RÜCKERT 1, 420.
wir wechseln leicht, in allem, die gedanken;
am leichtsten, die aus liebeszorn entstehn.
        GRIES ras. Roland ges. 29, 1 = bd. 4, 5 (1827).

LIEBESZUCHT.
nun sterb ich nach und nach, nun gibt mein wille
        sich
in deine liebeszucht, und die vernunft muß
        weichen.
        G. ARNOLD göttl. liebesfunken 29 (1698).

LIEBESZUCKER. welchen der himmel nicht wil verliebt haben. der mag seine vergnügung in dem suchen, daß er nebenst dem liebes-zucker auch derselben bitterkeit nicht schmecken darf. CHR WEISE, besch. unschuld. in den überfl. gedanken n. g. 383.
was macht so bitter dir den liebeszucker an?
        LOHENSTEIN Ibrahim sultan 2, 101.
laß seel und leib den liebeszucker schmecken.
        LOHENSTEIN Sophonisbe 3, 110.
ja, flöße mir noch itzt des liebens zucker ein.
        ebd. 5, 531.
liebeszucker: *auch* HOFFMANNSWALDAU getr. soh. 3, 1, 68; NEUKIRCH 1, 352; 2, 69.

LIEBESZUG. 1. *im religiösen sinne:*
Jesu, du allerhöchstes gut,
zeuch doch gedanken, herz und mut
durch deinen liebeszug zu dir.
        JOH. ARNDT paradiesgärtlein *bei* WACKERNAGEL kirchenl. 5. 448.
ich fühle seelennot und sturm,
doch merk ich auch noch liebeszüge;
ich seh durch einen ritz
den freien gnadensitz.
        ZINZENDORF 181 (1728).

zeuch mit deinen liebeszügen
ihre lust und ganz vergnügen
wesentlich in dich hinein.
GERHARD TER STEGEN *im Berliner* unverfälschten
liedersegen *nr.* 318. 9.
der seelen liebeszug,
des geistes himmelsflug.
KNAK zionsharfe⁵ 35 (1843).

2. *weltlich:*

so muß ich ja erfahren,
daß auch bei grauen haaren
dem Lince nicht der liebeszug gebricht.
HOFFMANNSWALDAU getr. schäfer 5, 7, s 183.
der sternen reiner zeug, das ungezählte heer.
fühlt auch den liebeszug, sie kommen oft zusammen.
HOFFMANNSWALDAU hochzeitged. 61
die regung die mich stört, kommt nicht von freundschaft her,
es ist ein liebeszug.
NEUKIRCH 1, 95 = BESSER 681.

LIEBESZUNDER.
(des mundes) schönheit ist der rechte liebeszunder.
NEUKIRCH 4, 69
ich bin durch ihren liebeszunder,
als wie ein licht,
nunmehro ganz und gar
und bis in tod, schon angeglommen.
MENANTES allern. art 377.
was wunder,
wenn Klelia den dünnen liebeszunder
begierig hascht!
WIELAND 21, 223 (Klelia und Sinibald).
von neuem brennt der alte liebeszunder
und droht das ganze weltall zu verzehren.
TIECK gedichte 2, 205.

LIEBESZWANG.
durch solchen liebeszwang und endeloses hoffen
verschmacht ich schweigend.
A. GRYPHIUS schwärm. schäfer 2, 265 *ausg.* von
PALM 377.
ach, leider! liebeszwang schafft gallenherbe lust.
LOHENSTEIN Ibrahim sultan 2, 185.
wenn sie *[die augen]* nicht ihr metall in meine *[der freundlichkeit]* formen gießen,
erweckt der augenthron geringen liebeszwang.
LOHENSTEIN rosen 70.
ach, herber liebeszwang.
ebd. 140.
gewaltig zieht die dinge
frommer liebeszwang mir her.
GEIBEL juniuslieder 4.
vgl.: mit des geistes stillem drang,
mit der liebe süßem zwang
will er freundlich uns durchglühn
und in seine arme ziehen.
KNAK zionsharfe⁵ 26.

LIEBESZWECK.
als wir aber freundlichst lachten,
und ich war im liebeszweck,
wacht ich auf, da war sie wek *(so).*
HARSDÖRFFER frauenz. gespr. 3, 406 (1643).
die freiheit ist nun weg
dein für diesmal erhaltner liebeszweck.
GÜNTHER 471.

LIEBESZWICKEL.
wem das herz, von liebeszwickeln
eingepreßt, begierden prickeln,
dem erlischt des geists laterne.
PLATEN 4. 137 (Ödipus).

LIEBESZWIST. GÖDEKE grundriß 3, 496.
BYRON 1, 77 (Harold 3, 49).

ZWEITE ABTEILUNG.

BILDUNGEN MIT **LIEBES-**

DIE IM GRIMMSCHEN WÖRTERBUCHE VERZEICHNET SIND.

LIEBESAMPEL, *zur bezeichnung der augen der geliebten:*

ein turm, an welchem sich die schiffenden vergnügen,
wenn ihre sehnsucht hier die l i e b e s a m p e l schaut.
NEUKIRCH 4, 6.

LIEBESANFECHTUNG *(nur* HÖLTY*) findet sich wiederholt bei* ZESEN: daß er niemals solche l i e b e s a n f e c h t u n g empfunden hätte. Ibrahim 1, 341 (1645) das andere alter unsers lebens, welches das ehrste unserer liebe zu sein pfläget, führet uns fast allezeit in solche häftige l i e b e s a n f e c h t u n g e n, die gemeiniglich mit unverstand und unehrbarkeit abgehen. Ibrahim 2, 361 (1645); ich weus aus meiner eignen erfahrung, daß sich leute fünden [*d. h. finden*], in welchen das alter die l i e b e s - a n f ä c h t u n g e n viel mehr schärffet und austräget als stumpf machehet. *ebd.* 2, 618. weil der Deliman führ grosser l i e b e s - a u f e c h t u n g so laut reden müste. *ebd.* 3, 76. da sie sahen. daß ein solcher großer und tugendvolliger herr sich in kaufmanstracht, seiner l i h b e s - a n f e c h t u n g zu gehorchen, verkleiden muste. *ebd.* Sofon. 555 (1647), *auch ebd.* 614.

LIEBESANGST *(Fleming).*
will dir deine untreu' lohnen
mit viel tausend l i e b e s ä n g s t e n.
HERDER 5, 88 (Hempel). stimmen der völker.

LIEBESAPFEL. *die bezeichnete stelle ist aus Lohensteins Venus, bei* NEUKIRCH 1, 277 *(erste auflage). ähnlich 4, 11:*

wir sind ein paradies, wo l i e b e s ä p f e l reifen.

HOFFMANNSWALDAU *gebraucht den ausdruck* l i e b e s ä p f e l l e s e n *als phrase für liebe genießen:*

du kanst bei mir nicht mehr die l i e b e s ä p f e l
lesen.
heldenbriefe 152 (Abälard an Heloise).

die tolläpfel bezeichnet auch Zesen als ä p f e l d e r l i e b e: so sagt' er, daß man es die *äpfel der liebe* zu nännen pflägte, davon einer gahr gewis des todes sein müste, wan man al zu viel davon eingenommen hätte. Sofon. 661 (1647). *anders in Rückerts gedicht mit der überschrift* liebesapfel 6, 60, *und ebd.* 61:

was ist der freund, den du beim scheiden hälst
umfangen?
dem l i e b e s a p f e l ist er gleich.
die liebe rötet ihm die eine beider wangen,
die andre macht der abschied bleich.

LIEBESARM. *genügend belegt von P. Gerhardt an bis Platen; man vermisst nur die bekannte stelle:*

und in weichen l i e b e s a r m e n
darf der glückliche erwarmen.
SCHILLER Hero und Leander.

in übereinstimmung mit dem überwiegenden sprachgebrauche sind nur beispiele für den pl. gegeben; vgl. jedoch:

wohl ruht er bald vielleicht im holden l i e b e s a r m.
SCHULZE Cäcilie 12, 9.

LIEBESÄUGELN *ist sicherlich nicht erst von Platen gebildet; ich habe mir das wort aus Lohensteins Agrippina angemerkt, kann aber jetzt die stelle nicht genauer angeben.*

LIEBESBANDE. *der pl. wird erst aus Bürger und Herder belegt, doch so schon im anfange des 17. jahrhunderts:* je mehr ich sie ansche, je mehr ich mit l i e b e s b a n d e n gegen sie werde umbfangen. engl. komödianten (1620) *herausg. von* TITTMANN s. 15; *vgl. auch bei* GÖDEKE *grundriß* 431 (§ 175, 37a) *in dem titel eines im jahre 1612 erschienenen buches von* JOH. SOMMER: alle die so mit l i e b e s b a n d e n verhaftet.

LIEBESBAUM. (BÜRGER, NEUKIRCH).
will denn der l i e b e s b a u m stets argwohnsfrüchte
tragen?
HOFFMANNSWALDAU geistl. oden, verm. ged. u. s. w. 39 (ausg. v. 1696).
ich wünsche, daß aus den zwei l i e b e n b ä u m e n
verjüngte stämm' und frische zweige käumen.
LOHENSTEIN rosen 86:

die stelle ist fast wörtlich nachgeahmt in NEUKIRCHS sammlung 3, 143 (1703); *phrasenhaft steht das wort auch bei* MENANTES allern. art 445, *desgl. bei* J. V. PIETSCH 139 (1721) *herausg. von* BOCK. Königsberg 1740.

LIEBESBEGEBENHEIT, *nur durch eine stelle aus Göthe belegt, findet sich als überschrift in* GE. NEUMARKS lustwäldchen 95 (1652): schleunige liebesbegebenheit zwischen Florindrenen und Basilenen. *vergl. auch:* eine opera ohne liebesbegebenheiten vorzustellen ist so hölzern, so wenig profitabel als wenig erhört. MENANTES allern. art, *vorrede* (1707).

LIEBESBEGIER. (FLEMING. KLINGER). *schon im anfang des 17. jahrhunderts aus* Joh. Arndts *paradiesgärtlein zu belegen;* siehe WACKERNAGEL kirchenl. 5, 450ᵇ und 451ᵇ; *spätere beispiele bei* Mühlpfort 2, 74 *und* Gottfr. Arnold *göttl.* liebesfunken 197 (1698).

LIEBESBITTE. (*nur* SCHILLERS Maria Stuart).
  sie öffne meinen liebesbitten
  eine thür in ihres herzens mitten.
  RÜCKERT 5, 197.
sie [*der länder fromme sitte*] hielt euch fern die
  freche liebesbitte
und legte anathem auf das gemeine.
  A. v. DROSTE-HÜLSHOFF 1, 68.
ein jüngling hämmert dort zum schwertesklang
ein lockres lied voll frecher liebesbitte.
  ebd. 2, 230 (Walther)
der Gott der süßen liebesbitte.
  ebd. 2, 233.

LIEBESBLICK. *als ältestes prosabeispiel wird ein ziemlich nichtssagendes aus dem polit. stockfisch gegeben; ein früheres hat man bei* HARSDÖRFFER frauenz. gespr. 4, 384 (1644); *desgl. bei* ZESEN Ibrahim 1, 115 (1645), *dann* 1646 *bei* ZESEN Sofonisbe 1, 419. *die gegebenen poetischen beispiele gehen nicht über Göthe hinauf, doch sind belege weit früher zu finden:*
ade, keusche liebesblick!
ehu euren schein, fürcht ich, wir bald erblinden.
  WECKHERLIN *in* Gödekes *ausg. s.* 125 (1619).
  ein steinern herz und leere seele
  ein ungemeiner liebesblick
  ein auge, das in seiner höhle,
  zwar rollt und schmollet ohne schrük,
  jedoch nicht aus dem herzen rührt,
  ist nichts als rauch, der uns verführt.
  ZESEN dichterische jugendflammen 147 (1651).
und wenn Cupido hat die sehnen aufgezogen,
sein blödes auge weiß von liebesblicken nicht.
  LOHENSTEIN Ibrahim-Sultan 2, 397.
se werden herzen nur von liebesblicken wund.
  LOHENSTEIN rosen 50
  er sei vergnügt bei diesem glücke;
  denn solches hat er wohl verdient,
  daß er durch diese liebesblicke
  in neuen kräften wieder grünt.
  CHR. WEISE netw. gedanken 170 (1670).
liebesblicke. *auch ebd.* 280.

wer sieht nicht, wie ihr haupt, eh es zur erde sinkt, mit einem liebesblick noch nach herr Reuschen
  winkt.
  MÜHLPFORT leichenged. 237 (1676).
schenkt seinem sarg die letzten liebesblicke.
  ebd. 424 (1679).
  bis sie des körpers gast,
  den geist, durch einen kuß, durch wenig liebesblicke
dem todten wieder gibt.
  LOHENSTEINS Venus *bei* NEUKIRCH 1, 276.
  ein strahl von deinen liebesblicken
  hat meine geister angesteckt
  NEUKIRCH 2. 344.

LIEBESBLÜMCHEN *wird erst aus Shakespeares sommern. belegt.*
wer weiß wo noch vor mich ein schöner garten
  offen,
in welchem hier und da ein liebesblümgen
  lacht.
  sammlung moralischer gesundheiten Frkft. u. Lpzg. 1760 s. 15.

LIEBESBLÜTE. *zu dem einzigen beispiel aus Rückert wäre wohl ein andres aus Lenau zu fügen:*
  wo eine blum' aus allen blumen ragend,
  prangt, hold umstrahlt vom ewgen morgenlicht,
  die schönste liebesblüte Gottes tragend,
  des toten heilands lächelnd angesicht.
  gedichte 81.
nicht hoffe, daß der herbst des alters früchte träget,
wenn nicht die liebesblüt' itzt in dem lenz aus-
  schläget.
  LOHENSTEIN Epicharis 2, 83 fg.
  alle tage froher zukunft,
  alle selige liebesblüte,
  weggehaucht durch dich.
  MALER MÜLLER 2, 213 (Niobe 3).

Tieck nennt die Shakespearesche Julia oder auch deren liebesverhältnis eine liebesblüte.
  dieser öde winkel, dieser kalte stein
  soll das grabmal sein
  jener liebesblüte,
  die des dichters himmlisches gemüte
  so rührend nah, vertraut bekannt
  an unser herz mit tausend leiden band?
  gedichte 8, 118 (Juliens grab).
vergl. auch:
der liebe blüte bleibt gar selten ohne frucht.
  HOFFMANNSWALDAU getr. schäfer 1, 4, s. 23.

LIEBESBOTE. (*Göthe, Schiller, Heine*) alle diese feurige liebesboten. ZESEN Assenat 100 (*von blicken und seufzern*); *s. das beispiel im zusammenhange später unter* liebesseufzer.
  die liebesboten, welche der vater schickt,
  kennst du die lebensmehrenden lüfte nicht?
  HÖLDERLIN der gefesselte strom, *str.* 2.
  vögel, briefe, liebesboten,
  lied und seufzer, sagt ihrs hell:
  suche ihn im reich der toten,
  liebchen, oder komme schnell.
  SCHENKENDORF 50 (1815).

anstatt des ziemlich phrasenhaften beispiels aus Heine würde ich die bekannte stelle aus Shakespeares Romeo und Julia gewählt haben:
  zu liebesboten taugen nur gedanken.

vergl. auch:
> sich, wie gottes liebesboten leuchtende
> grüße dir entgegenbringen aus der nacht.
> RÜCKERT 5, 288 (ghaselen aus d. j. 1822).

Rückert erweitert das wort noch durch zusammensetzung:
> er sprach, wie Salomonis zwang
> ihn vormals hielt in pflichten,
> daß manchen liebesbotengang
> er ihm gemußt verrichten.
> RÜCKERT 5, 331 (östl. rosen, frühprediger ostwind).

damals trat der frühling an sein gärtneramt, und der ostwind seine liebesbotenpflicht.
> RÜCKERT 5, 260 (ghaselen 3, 11).

LIEBESBOTIN wird auch zerlegt in botin der liebe:
> geh, o besoldete botin der liebe, verschwiegene luft.
> RÜCKERT 5, 262 (ghaselen 3, 15).

LIEBESBRAND. einziger beleg aus Platen.
> ihr letzten zeugen ihr von seinen liebesbränden.
> LOHENSTEIN Cleopatra 4, 531 (1661). desgl. [br. Hansen 5, 33.
> beschwingt dich aber liebesbrand,
> wenn seines und oia mark blut und geist bestricken (d. h. im alter)..
> so weiß kein pflaster und kein band
> dich wieder zu erquicken.
> HOFFMANNSW. getr. schäfer 1, 1. s. 6; ebd. s 7: der liebe brand.

seine seele fühlt den heißen liebesbrand.
> MÜHLPFORT hochseitged. 88 (1677).

die flamme, so da scheint von beider liebesbrande. ebd. 158.

es wird ein öle sein für seinen liebesbrand.
> NEUKIRCH 1, 5; angebl. ron Hoffmannswaldau.

wer preiset nicht den angenehmen liebesbrand?
> CHR. GRYPHIUS, poet. w. 611; ebd. 652: der süße liebesbrand.

wenn soll ich erlöset werden
von dem heißen liebesbrand?
> NEUKIRCH 3. 88 (1703).

so nähret die fantasie den süßen liebesbrand.
> WIELAND 21 105 (Clelia und Sinibald 2, 451)

wie er [Jobs] löschanstalten des liebesbrandes macht.
> KORTUM Jobsiade 3, cap. 15 (überschrift); im verse ebd. 3, s. 68.

füg' er dem liebesbrande
der lange sie verzehrt, nicht jetzt sich an.
> GRIES ras. Rol. 3, 67 = ges. 21, str. 51; desgl. 3, 112 = ges. 42, str. 43. ebd. str. 61; desgl. ges. 1. 54. überhaupt häufig bei Gries ras. Rol.

o morgenland, o heilig land!
du land der wunder ohne zahl!
die sonne sankt im liebesbrand
auf dich herab den glühendsten strahl.
> L. v. PLÖNNIES das grab des evangelisten bei Schenckel-Poldamus 3, 38.

LIEBESBRIEF. wurde natürlich schon vor Gellert und Göthe gebraucht; z. B. ZESEN Ibrahim 2, 519 (1645); auch wird ja die verkleinerungsform liebesbriefchen von Heyne schon aus Weises erznarren (1673) belegt. man findet letztere desgl. etwas früher bei Weise:
> bald muß ein liebesbriefgen fliegen,
> bald fangt ihr einen eitlen gruß.
> notw. gedanken 170 (1668).

LIEBESBRUNST. auf das poetische beispiel von Zinkgref bei OPITZ (1624) folgt nur noch eins aus Heine. ich habe mir aus Opitz selbst elf beispiele angemerkt: 1, 61, 178; 2, 172, 206, 242, 317; 3, 101, 133, 168, 179, 319. aus der späteren dichtung des 17. jahrh., zumal der zweiten schlesischen schule, würden sich beispiele schockweise bieten, und auch aus dem 18. und 19. jahrh. hat man deren eine solche fülle, daß zu dem ziemlich farblosen Heines nicht brauchte gegriffen zu werden. den pl. bietet TIECK gedichte 1, 91:
> er verschmacht' in liebesbrünsten
> und in Gott entfleußt der geist.

LIEBESBRUST vor Schiller schon bei MICHAEL MÜLLER († 1704):
> so sich und schmeck, wie süß die lust,
> die hier verborgen liegt
> in d ines Jesu liebesbrust,
> die alles leid besiegt.
> str. 17 des geistl. liedes 'auf, seele, auf, und säume nicht'.

> o du süße lust
> aus der liebesbrust,
> du erweckest wahre Freude.
> G. ARNOLD göttl. liebesfunken 201 (1698).

die seele soll recht innig sein
und an den liebesbrüsten trinken.
> ZINZENDORF 288 (1731).

aus dem 19. jahrh.:
> nein, auch von toter liebesbrust
> trinkt liebe selge liebeslust.
> IMMERMANN Tristan 25.

LIEBESBUCH. man findet belege vor CHR. WEISES erznarren: daß betbücher wolständig in der jungfrauen händen und sie zur gottesfurcht, wie jene liebesbücher zu unziemlichen gedanken veranlassen. HARSDÖRFFER frz. gespr. 1, 246 (1643), desgl. ebd: 1, 260, 264. desgleichen liebesbücher werden nicht übel den egyptischen fröschen verglichen, von welchen geschrieben stehet, daß sie in dem hauß, in der kammer, auf dem lager und bette herumkriechen, mit ihrem unflate alles beschmeissen, ja auch unsere ruhe durch schändliche träume verunruhen. ebd. 4, 120 (1644). vergl. damit den bekannten zunächst etwas auffälligen, in seinem ersten teile auch von Heyne verzeichneten spruch Göthes 2, 340:
> liebesbücher und jahrgedichte
> machen bleich und hager;
> frösche plagten, sagt die geschichte,
> Pharaonem auf seinem lager.

Göthe scheint also diese zusammenstellung der frösche Pharaos und der liebesbücher irgendwo, wenn auch nicht bei Harsdörffer, gelesen zu haben.

LIEBESBUND (Bürger). *neben Schillers stelle aus der Dido würde man gern aus Hero und Leander lesen:*
> sie [*die flache*] die einzigen bezeugten
> den verstohlnen liebesbund;
> aber ihnen schloß auf ewig
> Hekate den stummen mund.

ferner waren ältere über Bürger hinauf reichende beispiele beizubringen:
> ein' anzahl zuckersüße küsse
> die machten ihren liebesbund,
> doch in geheim, fest und gewisse.
>   GE. NEUMARK lustwäldchen 122 (1652).

> du stößt von dir dein glück und stehst dir selbst
>   im lichte,
> weil unsern liebesbund nichts als dein will'
>   ausschlägt.
>   LOHENSTEIN Epich. 2, 88 fg.

> bringt seinesgleichen
> in seinen liebesbund.
>   CHR. WEISE notw. gedanken 156 (1667).

> die mir der himmel itzt schenkt zu dem höchsten
>   gut
> und unsern liebesbund geneiget unterbricht.
>   MÜHLPFORT verm. gedichte 18.

im geistl. sinne: meinen Jesum fremde nennen —
o verletzter liebesbund!
SCHMOLKE heil liebesflammen 121 (der weinende Petrus). 1705)

LIEBESDICHTER. ein lied für liebesdichter. *überschrift bei* K. W. A. SCHMIDT gedichte 94 (1797).

LIEBESDIENST. *als ältester gewährsmann tritt Gellert auf; ich verweise darum lieber auf* ZESEN Ibrahim 2, 511 (1645), *dann auf* CHR. GRYPHIUS poet. wälder 349 u. 598 *(prosastellen); auch vom brunftenden hirsche gebraucht* H. v. FLEMMING *im teutschen jäger* 2, 101* (1724) *den ausdruck:* seinen liebesdienst abstatten. *als einziger dichterischer beleg gibt das wörterbuch eine farblose zeile Uhlands; ich würde dafür lieber einsetzen:*
> undank ist ein arger gast;
> aber an den angethanen
> liebesdienst den freund zu mahnen,
> ist so arg wie undank fast.
>   GEIBEL neue gedichte 121.

selbstverständlich sind auch frühere dichterische beispiele für das wort zur hand; es genüge an dreien:
> thu
> uns doch den liebesdienst.
>   LOHENSTEIN Epicharis 5, 395.

> kömmt seiner asche noch mein liebesdienst
>   zu statten?
>   MÜHLPFORT leichenged. 458 (1681).

> itzt liegt nach meinem tod die pfeife ganz allein;
> thu mir den liebesdienst und blaß einmal
>   darein.
>   NEUKIRCH 2, 135 (1697) 'grabschrift eines sackpfeifers'.

LIEBESDUFT (*nur Arnim kronenw.*):
> wann der frühling aufgelöst in liebesdüften
>   stäubet,
> werden alle wünsche mir zu schmetterling' und
>   immen.
>   RÜCKERT 5, 230 (ghaselen 3, 5) 1822.

> mit kosen rosen hauchten liebesdüfte.
>   TIECK gedichte 1, 174.

liebesduft und liebeslust!
E. M. ARNDT gedichte 503.

LIEBESDURST.
> so geht es itzt auch mir
> dem der dürre liebesdurst alle kräfte hat ver-
>   zehret.
>   HOFFMANNSWALDAU geistr. schäfer 3, 1. s. 91.

LIEBESERKLÄRUNG. *vor* HÖLTY *bei* H. W. LOGAU poet. zeitvertreib 346 (1725), GOTSCHED crit. dichtk. ² 441, 722 (1737); *auch als überschrift bei* NEUKIRCH 7, 23 (1727). *übrigens sind die zu diesem worte gegebenen beispiele farblos; bezeichnender, freilich auf ein bedenkliches gebiet hinüberführend, wäre das folgende:* es bedarf in Rom keiner langen vorbereitung von liebeserklärungen, um auf die höchste gunst einer dame lossteuern zu können. WILH. MÜLLER Rom, Römer u. Römerinnen 2, 87 (1820).

LIEBESEIFER. *der einzige aus Fleming gegebene beleg läßt uns unklar, ob das wort im sinne von* eifersucht *gemeint ist; wiederholt finden wir es so von Zesen gebraucht:* in einem bernhause, welches zwo oder drey meilen von der stadt war, und wo er eine junge fraue, die er sehr geliebet, des liebeseifers wägen wohnen hatte. Ibrahim 2, 557 (1645). so bild' er sich dan nuhn nicht ein, daß ich ihm durch misgunst oder liebeseifer meine liebe bezeugen sol. *ebd.* 2, 559. die andern erstachen sich aus has und liebeseifer. *ebd.* 2, 593; *dergl.* 2, 450. drüm gläub' ich fästiglich, daß dieses unheil einig und allein von disen jungen menschen härrühret, und die schählsichtigkeit oder der liebeseifer ihn bewogen hat, den Floraman zu tödten. ZESEN Sofonisbe 106 (1647). *für die allgemeinere bedeutung des wortes* (= eifrige liebe) *fehlt jeder beleg; im geistlichen sinne braucht es so* G. ARNOLD geistl. liebesfunken 4 (1690). *weltlich:*
> ach, den schönen liebeseifer
> hat das leben abgekühlt,
> und die finger wurden steifer,
> seit sie nicht dich angefühlt.
>   RÜCKERT die harfe, gedichte 473 (*einbändige ausewahl, Fkft. 1847*).

vgl. auch: darum entbrennt die seele bald
> in reinen liebes-eifer-flammen.
>   ZINZENDORF teutsche gedichte 284 (1731).

LIEBESERGEBENHEIT (*Göthe*).
> dank, ehrerbietung, schuldigkeit,
> kan man zuwege bringen;
> allein die liebergebenheit
> die kan kein mensch erzwingen.
>   ZINZENDORF 137 (1725).

LIEBESFACKEL (Schiller, Nemnich).
das bleiche licht, das uns erschienen,
will uns zur liebesfackel dienen.
NEUKIRCH 1, 388 (1695).

LIEBESFEIER *auch überschrift bei* RÜCKERT 5, 317.

LIEBESFESSEL. *schon vor Günther.*
einer, der, wie ich, in liebesfesseln liegt.
NEUKIRCH 5, 4 (1708).
da dort ein andrer muſz an liebesfesseln
liegen.
ebd. 5, 28.
vgl. auch:
ein kaufmann läſst sich nicht in liebesfesseln
schlagen.
WEICHMANN poesie d. Nieders. 2, 118 (1722).

LIEBESFEST *(Körner und Kleist).*
wo deren [d. h. der himmlischen glut] flamme sich
zum wohnen niederläſst,
da feiert eine brust das rechte liebesfest.
NEUKIRCH 4, 213 (1708).
diſz frohe liebesfest
PHILANDER V. D. LINDE scherzh. gedichte s. 118
(1701) *in d. 3. aufl. aus d. j.* 1722.
vgl. auch:
vögel schlummern auf den ästen
nach des tages liebesfesten.
LENAU 462.

LIEBESFLÜGEL *(nur Rückert) ein anderes beispiel hat Rückert* 5, 56 (oktaven 24), *auch Schenkendorf* 19 (1812); *Knak* zionsharfe³ 150 (1843). *ich vermisse beispiele aus dem 17. jahrh.* freilich verbrennet mancher seine glaubens- und liebesflügel bei dem weltlichen, ich hätte bald gesagt, höllischen lustfeuer. CHR. WEISE 615 (1675).
dein geist der soll mich stets begleiten
und über mich die liebesflügel breiten.
ebd. überfl gedanken and. gattg. 107 (1692).

LIEBESFREUDE *(nur Göthe u. Platen).*
ihren traurigen zustand, welcher zu liebesfreuden ein ganz wideriges mittel ist. HARSDÖRFFER frauenz. gespr. 2, 97 *(2. aufl.* 1657.)
Jesus, mein schönste zierlichkeit,
entzünd mein herz mit liebesfreud.
WACKERNAGEL d. kirchenlied 5, 1347ᵃ
anfang d. 17. jahrh.
aber nun find' ich ver die liebesfreuden
liederlich meiden.
GE. NEUMANN lustwäldchen 80 (1662).
o verfloſsne lebenszeit,
o vergangne liebesfreud.
V. STROBEL (c. 1654) *bei Gödeke* elf bücher
d. dichtung 1, 356 a.
ach, so stirbt die liebesfreude.
CHR. WEISE notw. gedanken 207 (1675).
der mensch, der doch gemacht zu liebesfreuden
NEUKIRCH 4, 95.

LIEBESFREUND *als beiname des Bacchus ist in der aus Opitz angeführten stelle eine übersetzung des niederländischen* (Heinsius) minnevrient; *es steht aber auch allgemeiner in der bedeutung* liebhaber, geliebter:
sie vernimmet schon auf den finstern wegen
ihren liebesfreund, der ihr eilt entgegen.
HARSDÖRFFER (1644) *bei* WACKERNAGEL lesebuch 2², 408.

LIEBESFRUCHT *(Brockes) steht bei den dichtern der zweiten schlesischen schule mehrfach vom liebesreiz, der wie eine frucht zu pflücken und zu genieſsen ist, überhaupt auch vom liebesgenuſz.*
es [das edle paar] wird nicht lange mehr verweilen
zu des Montanes haus zu eilen,
da es die süſze liebesfrucht,
bis hieher umsonst gesucht,
mit vollen freuden soll genieſzen.
HOFFMANNSWALDAU gotr. schäfer 5, 8, s. 185.
wenn es [das verhängnis] mir meinen mann aus
meinen augen nimmt,
auf ewig mich beraubt der süſsen liebesfrüchte.
LOHENSTEIN rosen 47.
die brust spricht: ich schwere,
daſs doch ein garten eh' von händen unberührt,
als meine liebesfrucht soll ungebrochen
bleiben.
NEUKIRCH 1, 305.
wer in liebesfrüchten wohlet,
findt im schönsten apfel oft,
wenn er ihn hat abgescholet,
auch ein würmgen unverhofft.
ebd 4, 172; *vgl. ebd.* 4, 7, 76, 372.

LIEBESFRÜHLING *(nur Rückert); die umschreibung* der liebe frühling *aus Göckingk.*
nun gehet Rom und uns der liebesfrühling an.
LOHENSTEIN Agrippina 2, 1.

LIEBESFÜLLE, *nur aus Göthes divan und aus Platen belegt, findet sich vorher bei Arndt:* [die italienische sprache] ist die sprache des männlichen ernstes, woraus die volle manneskraft gewaltig tönen kann; aber sie ist zugleich auch die sprache des lieblichsten lebens, der süſsesten liebesfülle voll weichheit und wohllaut. Germanien und Europa 359 (1803). *Campe verzeichnet das wort noch nicht, doch steht es schon* 1645 *bei Harsdörffer* frz. gespr. 5, Oo ijb.
o liebesfüll', o gnade,
wie selig, wer euch schaut,
wenn ihr auf unsre pfade
die süſsen wunder thaut.
SCHENKENDORF 70 (das bad Ems 1817).
der knospen spröde hülle,
wer brach sie auf in einer nacht
zu solcher liebesfülle?
W. MÜLLER 1, 87.
aus deiner liebesfülle
wirf einen, einen blick mir zu.
OEHLENSCHL.? ged. 62.
der seltene pl. bei RÜCKERT:
alle sel'gen liebesfüllen,
aller himmel sonnenschein,
konnte sie in schatten hüllen
eines augenblickes pein? 1. 621.

LIEBESFUNKE *(Günther).* ein feuerstein, welcher seine liebesfunken verborgen trägt. HARSDÖRFFER frauenz. gespr.

3, 401 (1643). der kriegsbrand, welcher aus
einem **liebesfünklein** enstanden. *ebd.*
5, 426 (1645).
>die beiden **liebesfunken**.
>>MÜHLPFORT 2, 137.

göttliche **liebesfunken** *nannte G. Arnold
seine im j. 1698 veröffentlichten geistlichen
lieder.*

LIEBESFURCHT.
so glaubt Tancred, vom **liebesfurcht** befangen,
dem trug nicht gans, und weichet doch mit bangen
GRIES Tassos befr. Jes. bd. 2, 80 = ges. 13, str. 44

LIEBESGABE
wird nur durch das selbstgebildete beispiele erläutert: es werden **liebesgaben** *für die notleidenden in Oberschlesien gesammelt. das klingt fast, als wäre das wort erst im winter auf 1880 üblich geworden, während es doch schon seit langer zeit für die gaben christlicher nächstenliebe und seit dem schleswig-holsteinischen kriege für freiwillige an das kämpfende heer gespendete gaben in ganz Preuszen und auch wol im übrigen Deutschland stehender, selbst amtlicher ausdruck ist. in anderem sinne bei Göthe:*
>und wärens zarte **liebesgaben** —
>mit wem wir sie zu teilen haben,
>das macht den groszen unterschied
>>3, 244 (1822).

natürlich kommt der ausdruck schon viel früher vor, zunächst im geistlichen sinne, d. h. gaben der göttlichen liebe:
>gott ist die liebe selbst, von dem die **liebesgaben**
>als aus dem reinsten quell den ersten ursprung haben.
>>GERH. TER STEGEN *bei Elsner geistlicher liederschatz.* Berlin 1832, nr. 637.

ähnlich in unserer zeit:
>das liebste, was ich hab, ist gottes **liebesgabe**.
>>RÜCKERT 8, 500.

im weltlichen sinne:
>und als er jüngling ward, erschuf er **liebesgabe**.
>>RÜCKERT 3, 269, desgl. 6, 147 *als überschrift.*

>eine handvoll erde
>werf ich, süszer knabe,
>unter schwerem ach,
>letzte **liebesgabe**
>deinem schatten nach.
>>E. M. ARNDT *gedichte* 382 (klage um Willibald 1835).

>bett' ihm im kühlen grabe
>den letzten weichen pfühl,
>die letzte **liebesgabe**
>vom ganzen weltgewühl.
>>*ebd.* 467 (abschied von d. welt).

>lasz, o welt, o lasz mich sein!
>lockst nicht mit **liebesgaben**;
>läszt dies herz alleine haben
>seine wonne, seine pein!
>>E. MÖRIKE *vorborgenheit bei Schenkel-Paldamus* 3, 71.

LIEBESGEDÄCHTNIS (*nur Butschky, ohne poet. beispiel.*)

du wirst mein liebgen bleiben,
und keine schöne lust
soll mir aus meiner brust
dein **liebesgedächtnüsz** treiben.
CHR. WEISE überfl. gedanken 4, 0 (ausg. v. 1692).

LIEBESGEDANKE
die drei prosabeispiele sind gut und bezeichnend gewählt; denn allerdings neigt der sprachgebrauch nach meiner persönlichen erinnerung dahin, das wort in etwas spöttischem, oder auch entschieden verächtlichem sinne zu verwenden. vergl. übrigens bei GÖDEKE *grundrisz* 451: *Justus Sieber,* **liebesgedanken** *aus dem hohenliede Salomonis.* Dresden 1658. *die dichtung überhaupt gebraucht das wort in edlerem verstande, auch in unserer zeit; es hätte daher das wort noch andere dichterische belege verdient als das eine aus Venator bei Opitz, (jetzt in Braunes neudrucken 15, 32).*

>liebevoll war glauben immer,
>glauben nur ein **liebesgedanke**.
>>TIECK kaiser Oktavianus 21.

>ach, es sind die **liebesgedanken**,
>die in wehmut, sehnsucht, andacht, wie in blumenkelchen schwanken.
>>TIECK gedichte 1, 161.

>in solchen **liebesgedanken**
>verliert er [*mein blick*] sich so süsz.
>>SCHENKENDORF 31 (1814).

>vom traume gewiegt
>leiser **liebesgedanken**.
>>RÜCKERT 1, 243.

>so war Nal unvergleichlich
>als wie ein **liebesgedanken**,
>getreten in körperschranken.
>>*ebd.* 12, 8. *derselbe ausdruck wiederholt* 12. 10.

>auf siebenmeilenstiefeln
>gehts flink von der stell;
>auf **liebesgedanken**
>gehts siebenmal so schnell.
>>WH. MÜLLER 1, 77.

>viel tausend **liebesgedanken**.
>>GEIBEL gedichte 16.

LIEBESGEDICHT (*Hölty, Göthe*).
das wort findet sich nicht selten im 17. jahrh., z. b. OPITZ 2, 149 *in der überschrift zum vierten buche der poetischen wälder.* HARSDÖRFFER *frauenz. gespr.* 2 96. 1, 226, 238, 242, 243, 264; 2, 96, 320 (*am rande*). ZESEN Assenat 490; **liebesgeticht** SIMON DACH 470 (*gr. ausg.*); mit lob- dank- und **liebesgedichten** HARSDÖRFFER *frauenz. gespr.* 1, 240. *das* **liebesgedichte** ZESEN *leiter zum hochd. helikon* 18 (1656).

LIEBESGEFAHR (*Platen*).
so scherzet und spottet das edele paar
der nimmervergnüglichen **liebesgefahr**.
CHR. WEISE überfl. gedanken 3. dutzend, 7.

auf abenteuer auszuziehen
und während aller dieser frist
vor keiner **liebesgefahr** zu fliehen.
WIELAND 21, 23.

LIEBESGEFÜHL *(Immerm. Münchhausen)* daher, bei dem mangel eines allgemeinen teutschen lebens- und liebesgefühls das unstäte. ungebildete und gestaltlose der Teutschen in dem leben und in der litteratur. ARNDT geist der zeit 3, 355. *dichterische beispiele sind nicht gegeben.*
> wo meine brust hier ruht,
> an das moos mit innigem
> liebesgefühl sich
> athmend drängt.
> GÖTHE 3. 35 (1772) 'felswelhe-gesang an psyche'.
> eine cither, die liebesgefühle klaget.
> RÜCKERT 5, 272 (ghaselen 3, 31).

LIEBESGEIZ.
> ihr wunderschönen augenblicke,
> ihr lacht und lockt in ewgem reiz.
> Ich schaue sehnsuchtsvoll zurücke
> voll schmerz und lust und liebesgeiz.
> SCHENKENDORF 59 *(erinnerung).*
> die glieder, getaucht in liebesreiz,
> erweckten der blicke liebesgeiz.
> RÜCKERT 12, 16 (Nal)

LIEBESGEMEINSCHAFT. *1) in natürlichem sinne* THOMASIUS *erlesene schr.* 2. 161 *(aus d. j.* 1689). *2) in geistl. sinne häufig von der gemeinschaft zwischen gott und der gläubigen seele.*

LIEBESGENUSZ *war auch aus Göthe zu belegen:*
> ich gab die schönsten gaben den guten,
> ewigen liebesgenuß und unendlicher kinder
> umgebung
> 5, 212 (Achilleis)

LIEBESGESANG *(Bürger, Göthe, Körner).*
> wie soll ein liebsgesang der schnöden fleischeslust
> vergnügen das gemüt von englischem herkommen.
> HARSDÖRFFER frauenz. gespr. 3, 225 (1643).
> liebesgesänge mir abzuschmeicheln
> vermag itzt keiner.
> HERDER 27, 250 (Terpsichore 1705.)

LIEBESGESCHICHTE *(Hölty).* diß einige buhch .. unter den liebesgeschichten ist es, damit Frankreich mit recht prangen mag. ZESEN Ibrahim Bassa 1, 8 (1645); diejenigen die unsere liebesgeschichte beschreiben. *ebd.* 2, 504; *vgl auch einleitung zu* LOHENSTEINS rosen s. 17 u. GÖDEKE grundriß s. 510 nr. 315 (1673).

LIEBESGESPRÄCH *(Weise erznarren)* die liebesgespräche, die lieder, das seitenspiel. der tanz und tausend andere sachchen, welche der liebe so anhängig sein. ZESEN Ibrahim 1, 461 (1645): desgl. 1, 507, 510.

LIEBESGESTALT *(Göthe u. Körner).*
> träume steigen an den rand
> dieser quelle, jede welle
> schmeichelt auf 'ne liebsgestalt.
> TIECK kaiser Oktavianus 130.

LIEBESGEWINN *(Göthe).*
> wenn man ein mädgen hat, die einem wol behaget,
> so thät es warlich not, man setzte wachen hin,
> sonst sucht ein jeder da, den süßen liebsgewinn.
> NEUKIRCH 5, 5 (1708).

LIEBESGLÜCK *(Göthe, Arnim, Schiller, Körner). man vermisst ein dichterisches beispiel aus Göthe.*
> liebesglück und väterlich entzücken. 10, 23.
frühere:
> ich zog mein liebesglück auch reifer in bedenken.
> GÜNTHER lebensbeschreibung 97.
> die stunde, die seinem liebesglücke
> das urteil sprechen sollte.
> WIELAND 21, 119 (liebe um liebe 7, 104 fg.)
vgl. aus unserer zeit:
> fahr hin, du qualenvolle lust,
> du rasches liebesglück.
> GEIBEL gedichte 79.

LIEBESGLUT. *(Günther, Bürger, Göthe, Heine) ein prosaisches beispiel fehlt: lange zeit lag diese* liebesglut *unter der loddersche verborgen.* ZESEN Assenat 310. *auch schon ebd.* 130; *bei* ZESEN *auch das älteste mir gerade aufgestoßene dichterische beispiel:*
> halt, liebe Rosemund, die liebesreizerinnen,
> die lieben augen, weg, sonst schmachten meine
> sinnen
> für ihrer liebesgluth, die Liebreiz angezündt,
> und die Liebinne nährt, du blitz- und sternenkind.
> *ebd.* jugendflammen 42 (1651).
> heut hab ich . . .
> ein auserwähltes herz getroffen,
> so schon in keuscher liebesglut,
> wiewol zur zeit noch heimlich, brennt.
> NEUMARK lustwäldchen 118 (1652).
> daß mit großem überdruß
> er von heißen liebesgluten
> oder von den meeresfluten
> seiner thränen sterben muß.
> *ebd.* 145 (1652).
> daher sie sollte brennen
> in heißer liebesglut. *ebd.* 151.
ferner belege vor Günther bietet: CHR. WEISE überfl. ged. 31, CHR. GRYPHIUS poet. wälder 288, 858, *ferner* NEUKIRCH 1, 112; 3, 45; 4. 117. *und aus späterer zeit möge erinnert werden an den spruch:*
> gehemmte liebesglut wird endlich raserei.
> WIELAND 21, 310.
anstatt der Stelle aus Heine würde ich lieber eine aus Schiller gewählt haben:
> genesen würd' ich einer tochter,
> die mir der söhne streitend gemüter
> in heißer liebesglut vereinen würde.
> Braut von Messina 2, 5, 1348 (Gödeke 14, 65).

LIEBESGOLD *(Opitz von dem der Danae zu teil gewordenen goldregen) steht in der bedeutung* goldechte, goldreine liebe:
> das gold, wanns köstlich ist, muß sieben proben
> dauren;
> our liebesgold ist mehr als tausendmal bewährt.
> NEUKIRCH 3, 144 (1703).

LIEBESGOTT. *man vermißt ein beispiel aus Schiller:*
   ein kind wie liebesgötter schön
   sah ich im grase spielen.
    braut von Messina 2, 5, 1335 (GÖDEKE 11, 64).

LIEBESGÖTTIN. *(Wieland), steht schon bei* NEUKIRCH 1, 212. 312 u. ö.

LIEBESGRILLEN *(Chr. Weise 1673) findet sich schon 1654 als titel von* JACOB SCHWIEGERS *gedichten.*

LIEBESGRUSZ. *(Stolberg).*
begehre keinen blick und keinen liebesgruß.
    NEUKIRCH 3, 74 (1703).
wie wohl, wie frisch, wie lachend
hier kuß an kuß
und liebesgruß
in grünen zweigen winkt.
    TIECK 3, 107. Botzen (1805).
auch mein brieflein soll noch gehen
heut zu ihr, mein liebesgruß.
    SCHENKENDORF 50 (1815).
die sel'ge brautnacht war's, in der zur erde
der mai sich fügt mit holdem liebesgruße.
    ebd. 256.
und den vögeln, welche fliegen,
geb' ich liebesgrüße mit.
    RÜCKERT auswahl 511.

LIEBESHANDEL *(Lessing, Heine, Göthe, Arnim, Platen) wird in der pluralform, nicht im sing., von Kramer und Stieler verzeichnet.* weil dem müssigen schäfervölklein insgemein dergleichen liebeshändelein zugeschrieben werden. HARSDÖRFFER frauenz. gespr. 4, 163 (1644); *desgl. ebd.* 173. liebes-händel *ebd.* 5, 442 (1645). keiner, sag ich, dehr sich von liebeshändlen, buhlereien oder andern dehrgleichen weib- und weichlichen sachchen zu schreiben bemühete. ZESEN schutzrede an die unüberwindlichste Deutschinne vor dem Ibrahim Bassa s. 6 (1645). weil er einen liebeshandel vohr hätte *ebd.* Ibr. 2, 376; weil es ein liebeshandel ist. *ebd.* 2, 379. weil ich ihn so einfältig im liebeshandel finde, daß er nicht einmal weiß was liebeszeichen sind. ZESEN Assenat 114; mittlerweile war der ruf von diesem neuen liebeshandel vor des königs ohren gelanget. *ebd.* 231. indem die liebeshändel bei den Teutschen selten in so viel umständen als bei den ausländern sich schauen lassen. HOFFMANNSWALDAU vorrede zu den heldenbriefen.
noch müssen euch die händel nicht
den liebeshandel legen.
    SIMON DACH 938.
du fliehst den zwang von ernsten liebeshändeln
und findest sicherer mit Amorn nur zu tändeln.
    WIELAND 9, 21 (Musarion 1).

LIEBESHARM *(nur Heine).*
seht mich armes
städubchen liebesharmes,
wie ich fliege, schmerzgerüttelt.
    RÜCKERT 5, 838 (östl. rosen).

sie schlief, die schöne wang' im arm,
ein hingestreckter liebesharm.
    IMMERMANN Tristan 24.

LIEBESHELD *(nur Fr. Müller).*
kennt mein reim nur solche liebeshelden,
von denen viel gesagt und wenig wird geglaubt?
    NEUKIRCH 3, 144.
da ihn der himmel weder zu einem kriegs-noch liebeshelden bestimmt habe, so wolle er sich im romanen- und fechtersinn mit der rolle des sekundanten begnügen. GÖTHE 21, 147 (dichtung und wahrh. 9. Buch). *vergl.* BYRON 5, 16 (Don Juan 1). *auch s. v. a.* liebesgott, Cupido:
so hat der kleine liebesheld
die händel weislich angestellt.
    v. KOTTWITZ verm. gedichte 121 (1736).
im geistlichen sinne:
des himmels liebesfunken
erleuchten die weite welt,
die hölle ist gar versunken,
und es herrscht der liebesheld *(Jesus).*
    E. M. ARNDT ged. 408.
du liebesheld, mein hort, mein mut,
du hast die hölle zugeriegelt.
    ebd. 601 (1855); *desgl. ebd.* 612 (1850).

LIEBESHISTORIE *(Arnim kronenw.). ein beleg vom jahre* 1615 *war aus Gödekes grundriß 432 zu entnehmen; siehe kap. 1 unter* liebeskampf. hiedurch bin ich hinter so viel liebeshistörigen kommen. die mich mehr erfreuet haben. als wenn ich alle Cromenen, Arianen, Clelien, Sofonisben, Cleopatren und andere dergleichen fabeln hätte mit löffeln gefressen. CHR. WEISE überfl. ged. a. g. 151 (1692). liebeshistörchen *auch* VEIT ROSENSTOCK 2, 256 (1776).

LIEBESHITZE *nur durch zwei beispiele aus dem 17. jahrhundert (Chr. Weise und Opitz) belegt.*
o großer kampf in jugendlichen seelen,
wenn ruhmbegier mit liebeshitze kriegt!
    GRIES ras. Rol. 25, 1 = *bd.* 3, 193 (1827).
auch von tieren: ob es wohl kalt, ist doch anitzo ihre *(der rehböcke)* gröste liebeshitze und rechte würkliche brunst. FLEMING d. teutsche jäger 1, 398b (1719).

LIEBESHOF *(Schiller jungfr. v. Orl.).*
wer nun dabei ein grundo mehr gewann,
das mag ein liebeshof entscheiden.
    WIELAND 21, 345 (Klelia u. Sinibald 8, 73 fg).
es erklingen alte lieder,
minnesänger werden wach,
und die goldne zeit kehrt wieder,
wo der liebeshof das urteil sprach.
    SCHENKENDORF 23 (frauenlob).
etwas anders bei Rückert:
dienen siehest du im stillen reich der pflanze
viel männer einem weib so im liebeshof und
         kranze.
    R. 135 (weish. d. br.).

LIEBESHULD *pl.* liebeshulden.
nebenbuhlerinnen dulden
lernt ich niemals, weißt du wohl,

wie du deine liebeshulden
mir entzogest, lieber Sol?
RÜCKERT 7, 267.

LIEBESJAGD *(nur Heine). als überschrift bei* SIMON DACH 946; *etwa gleichzeitig bei* HARSDÖRFFER frauenz. gespr. 3, 104.
die glieder steif
und gleichsam reif,
ja unverzagt
zur liebesjagd.
NEUKIRCH 4, 310. *als überschrift auch bei* RÜCKERT 6, 128.

LIEBESJAMMER *(Göthe)*.
verschlaft in stiller ruh den ersten liebesjammer.
NEUKIRCH 3, 145.

LIEBESJOCH *(nur Fleming), auch* SIMON DACH 403 (1631).
wes ist das lachen doch,
das mich führt gefangen
ans süße liebesjoch?
ZESEN Helikon 2, 43 *(ausg. v.* 1656).
im ascet. sinne:
es wird doch das liebesjoch
bei mir nicht zu heftig drücken,
o, er *[Jesus]* kan erquicken.
BENJ. SCHMOLKE heil. liederflammen 50 (1709).
wenn du, von treu getrieben,
zusammenspannst ins liebesjoch
zwei herzen, die dich lieben.
ZINZENDORF 44 (1722). *vergl. auch* GEIBEL neue gedichte 232.

LIEBESKETTE *(Günther)*.
ach, so gieng' ich aufgericht,
und mein herze läge nicht
an der strengen liebeskette.
CHR. WEISE überfl. gedanken 7, 3 (1692).
was kan dich, Apollo, retten
von den schweren liebesketten?
BESSER 612 (1706).
auch im geistl. sinne:
ihr glieder in der liebeskett
steht wie die starken um mein bett.
PETER LACKMANN († 1713) *str.* 6
des geistl. liedes: 'auf leiden folgt die herrlichkeit'.
und wenn eurer liebeskette
festigkeit und stärke fehlt.
ZINZENDORF *str. 2 des liedes:* 'o Gott, der du aus herzensgrund'.

LIEBESKIND *(Göthe, Bürger) wird auch im sinne von* Amor *und* Amorette *gebraucht:*
ein wagen ... von zwölf Kupidonen oder liebskindern, mit blumen bekränzet, gezogen. ZESEN Ibrahim 1, 6 (1645). hier könte man dichten, als ob dieses bildnis der künstliche Mercurius mit einer feder aus des liebeskindes flügel gemalet. HARSDÖRFFER frauenz. gespr. 5, 48 (1645).
Lusianna verzuckert die reden im spiele,
das muntere liebeskind spielet zum ziele.
Zesen *bei* HARSDÖRFFER frauenz. gespr. 5 *(mit der unterschrift vom 20. dezember 1644)*.

LIEBESKITZEL *(Schwabe tintenf.), schon bei* NEUKIRCH 1, 279 *(aus Lohensteins Venus)*.

LIEBESKLAGE. *(erst seit Göthe) ein älteres Göthisches beispiel war aus der ersten bearbeitung von* Claudine von Villa-Bella *beizubringen* (1775):
noch so spät, ihr nachtigallen,
laszt ihr liebesklagen schallen,
zärtlich noch wie meine braut?
abgedr. 8. 78 (Hempel).
natürlich ist das wort schon vor Göthe üblich:
ruh von deiner liebesklag'
und beantwort was ich frag'.
HARSDÖRFFER frauenz. gespr. 5, 44 (1645)
anrede an das echo.
daß ich weine tag für tag
und ausgieße liebesklag.
JACOB SCHWIEGER liebesgrillen (1656) *bei* GÖDEKE elf bücher 1, 321b.
soll ich meine liebesklagen
nur den tauben lüften sagen?
STOPPE ged. 2, 48 (1729), *fast wörtlich wiederholt ebd.* 165.

LIEBESKLAGEN *subst. n.*
so geht bei manchen schon das liebesklagen an.
NEUKIRCH 4, 80.

LIEBESKLARHEIT. *(Göthes divan) ein früherer beleg aus Göthe:*
leb' in liebesklarheit und kraft
3, 90 (1777) *vergl.* liebesdumpfheit *in der ersten abteilung.*

LIEBESKNOTEN *(Heine, Schiller, Rückert) wird nur in übertragung auf ein liebesverhältnis belegt; doch findet man das wort auch zur bezeichnung einer bestimmten art des knüpfens:* ringsum hiengen große kränze von frischen rosen, in liebesknoten gewunden, an den wänden herab. WIELAND 10, 3 (Grazien 3).
und in der mittlern luft
erschienen unzählige regenbogen
auf tausendfältige art in liebesknoten verzogen.
ebd. 5, 5 (d neue Amadis 12, 9).

LIEBESKÖNIGIN. *(nur Bürger) läßt sich als bezeichnung der Venus seit der mitte des 17. jahrhunderts nachweisen:*
du, o liebeskönigin,
beglücke sie nach ihrem sinn.
ZESEN dichter. jugendflammen 148 (1651) *in einem brautliede.*
sie machten sich bald fort nach jenem Pafos hin,
dorthin, wo Venus wohnt, die liebeskönigin.
GR. NEUMARK lustwäldchen 155 (1652).
gib, liebeskönigin, dich aus dem wüsten ort.
MÜHLPFORT hochzeitged. 101 (1678).
komm, liebeskönigin, und nimm hier deine ruh.
ebd. 141 (1680).
von der rose gebraucht es Rückert:
auch darin gleicht
der liebeskönigin, der rose,
die traube:
es nimmt so leicht
auch sie die zeit, die schonungslose,
zum raube. 2, 600.

LIEBESKRAFT. *(nur Göthe) ein prosabeispiel fehlt.* weil nur begeisterung, der himmlische anhauch unendlicher lebenskraft

und **liebeskraft**, die bewegung erhalten kann. ARNDT geist der zeit 2², 302 (1813).
die von mir sich hoffnung machet,
weiß nicht meine **liebeskrafft**.
G. FINKELTHAUS *bei* Gödeke elf bücher 1, 330b (um 1640).
so bring ich die **liebeskräften** (so)
ihnen nur zu dienst herfür.
HARSDÖRFFER frauenz. gespr. z. anhang (die mäßigkeit spricht).
die sterne fühleten noch keine **liebeskraft**.
LOHENSTEIN blumen 104.
der nicht durch **liebeskraft** in deinen geist gedrungen.
HOFFMANNSWALDAU getr. schäfer 2, 5, s. 54
ein trauren kurzer zeit zeigt schwache **liebeskraft**.
ebd. begräbnisgedichte 68 *(ausg. von 1696)*.
den wangen und der brust die **liebeskraft** benommen.
NEUKIRCH 1, 208.
wo gram und sorgen läst die **liebeskraft** verzehren.
ebd. 3, 53.

im geistl. sinne:
o **liebeskraft**, hier liegt mein totes ich,
und hier erstarrt mein aug inwendig nur auf dich.
G. ARNOLD güttl. liebesf. 117 (1698).
im sterben hoffnung geben
mag erdenweisheit nicht:
jedoch bei dir ist leben,
ist **liebeskraft** und licht.
J. G. JACOBI (vertrauen) *bei* Wackernagel leseb. 2³, 853.
er klopfte an und hat durch manchen schlag
in **liebeskraft** das harte herz zerbrochen.
E. G. WOLTERSDORF († 1761) *in dem confirmationsliede* 'bleibt, schäflein, bleibt'.

LIEBESKRANK *(Wieland, Göthe, Platen)*.
und was man sonsten hat vor solche **liebeskranke**.
NEUKIRCH 4, 27.
geistlich:
er hat mich **liebeskranken**
bei seligen gedanken
zu seinem tisch geleitet
und teure kost bereitet.
ZINZENDORF 12 (1714) 'bei der ersten communion'.

LIEBESKRANKHEIT *(Chr. Weise 1673, Göthe)*. diejenigen, welche an der **liebeskrankheit** darnieder liegen. HARSDÖRFFER frauenz. gespr. 1, 292. hiermit veränderte sich ihre **liebeskrankheit** in eine rechte leibeskrankheit. ZESEN Assenat 153.
hat die **liebeskrankheit** dich
ganz besessen gleich wie mich.
GRIMMELSHAUSEN simplic. gaukeltasche *bei* Tittmann simpl. schr. 1, 269.

LIEBESKRANZ. *(nur Günther); man vergl. aus neuer zeit:*
drei kränze ihm umwallen
das haar in frischem glanz,
der schönste doch vor allen,
der grüne **liebeskranz**.
H. v. MÜHLER gedichte 279 (1842).
und selbst den schlaf durchwebt dem schläfer
der traum mit buntem **liebeskranz**.
KINKEL Otto der schütz s. 32 (5, 16).

dort sitzt er [*der lenz*] hell im eignen sonnenschimmer,
auf seinen locken alle **liebeskränze**,
und alle rosen um der wange grübchen.
RÜCKERT 1, 307.
dann hat sich oft aus hälmchen und aus gräschen
entsponnen zwischen uns ein bademsträußchen,
doch oftmals auch gewebt ein **liebeskränzchen**.
ebd. 1, 314.
daß aber jegliches mägdelein
ein **liebeskränzlein** für sich will sein,
das macht mir schmerzen im herzen.
ebd. 1, 531.

LIEBESKRIEG *(aus Weißes kom. opern)*
findet sich als überschrift bei HARSDÖRFFER frauenz. gespr. 2, 244 und 8, 255.
ich liebe **liebeskrieg**
sagt Mars *in* LOHENSTEINS Venus *bei* NEUKIRCH 1, 277.
das volk lief häufig zu
und ließ sich sonder zwang im **liebeskriege** werben.
PHILANDER V. D. LINDE scherzh. ged. 119 (1690).
es mag durch diesen schönheitssieg
ein sogensvoller **liebeskrieg**
mit euch vermählten sich vermählen.
BESSER 615 (1706).

LIEBESKUSZ *(nur Bürger)*.
begrüßet solt du sein
mit diesem **liebeskuß**.
HARSDÖRFFER frauenz. gespr. 5, 58 (1645).
er vermischte mit ihrem blute seine tränen und gab ihr die lätsten **liebeskäsze**. ZESEN Sofonisbe 68 (1647).
geistlich:
gibt dir einen freudengruß
und den rechten **liebeskuß**.
JOACHIM PAULI o. 1653 (*str. 7 des liedes*): 'Zion gib dich nur zufrieden'.
so nach dem schles. kirchen- und hausgesangbuch wie nach Porst; in Elsners liederschatz steht in der stelle **friedenskuß**. himmlische **liebeskäsze** gab Quirinus Kuhlmann 1671 *zu Jena heraus* (GÖDEKE grundriß s. 477 nr. 160²), *desgl. der Hamburger u. Rostocker theologe* Heinrich Müller († 1675) *einen* himmlischen **liebeskuß**. *daß dann das wort im eigentlichen sinne bei der zweiten schlesischen schule häufig vorkommt, ist selbstverständlich, z. b.:* MÜHLPFORT verm. gedichte 14; HOFFMANNSWALDAU heldenbr. 23; NEUKIRCH 1, 2; 4, 307; 5, 134. **liebeskäßchen** KOPISCH 3, 231.

LIEBESLEID *(nur eine wenig bedeutsame stelle Heines)*.
wenn mich das liebe kind nur herzlich wolte lieben,
wie wenn sie nur möchte sehn in treuer herzensgunst,
wie groß mein **liebesleid** und meine heiser brunst.
GR. NEUMARK lustwäldchen 143 (1652).
o hoffen, schmachten, **liebesleid** mit sehnen,
wie dürst' ich nach den süßen thränen!
TIECK 1, 143 (1799).
von **liebesleid** und lust die zarten keime.
ebd. 1, 202 (1800).
s. auch ARNDT gedichte 136 (1808), RÜCKERT 2, 471; 3, 268, 272; MÜHLER gedichte 78; *desgl. ist an den bekannten titel des Shakespearischen schauspiels zu erinnern.*

LIEBESLIED *(Göthes prosa, Platen, Heine).*
GÖDEKES grundriß 455 gibt als titel eines zu
Königsberg 1645 von Joach. Chr. Fink veröffentlichten buches: allerlei ehrengedichte,
oden, lob- und liebeslieder.
and singet seine liebeslieder.
MÜHLPFORT leichenged. 176 (1674).
er suchte mit Melinden wieder
die abgelegten liebeslieder.
MÜHLPFORT 2, 143
desgl. NEUKIRCH 1, 165; 4, 88, 313. weitere
beispiele vor Göthe zu bringen wäre überflüssig,
sie bieten sich schockweise.

LIEBESLOHE *(Bürger).*
die entbrannte liebeslohe
ist gemach in mir erstorben.
KOPISCH 3, 228.

LIEBESLOHN *(Schlegels Shakespeare).*
oder soll diese verbitterte pein
mein liebeslohn sein?
NEUKIRCH 1, 404 (1695).
wenn ja das glücke sich so füget
und giebt uns einen liebeslohn,
so ists ein bändgen das man krieget.
MENANTES allerl. art 151.

LIEBESLUST *(Göthe, Körner).* ich begnüge mich mit beispielen a. d. 17. Jahrhundert:
daß dieser weise mann *[Pythagoras]* seine
lehrling von der liebeslust abmahnen
wollen. ebd. 8, 509 (1649). die liebeslust
ist nichtig und flüchtig gleich einem traum,
der kurze zeit währet. HARSDÖRFFER frauenz.
gespr. 8, 578. weil wir nichts mehr wünschten als unsere liebeslüste zu vergnügen.
ZESEN Sofonisbe 570 (1647).
frucht der liebeslust.
OPITZ 2, 240.
ihm ist schnöde liebeslust
vor den augen koth und wust.
ebd. 8, 200.
fleischliche liebeslust.
HARSDÖRFFER frauenz. gespr. 3, 225 (1643)
Gott selber in sich selbst ohn end' und ohne zielen
erweist die mäjestet mit liebes-lust und spielen.
der ordnende ror HARSDÖRFFER frauenz. gespr. 6
(1646).
liebe, ja liebeslust wil ich verüben.
ZESEN jugendflammen 86 (1651).
weg, schnöde schreibensahrt, (im druck schreibersahrt)
die, wenn man sie nur liest, ein reines herze paart
mit geiler liebeslust.
GE. NEUMARK lustwäldchen 137 (1652).
ebenso s. 151.
wenn gleiche liebeslust in ihr geblüte steigt.
MÜHLPFORT hochzeitged. 107 (1678)
eh ihr euer than der liebeslust ergebet.
CHR. WEISE überfl. gedanken a. g. 85 (1692).
doch Camillo lockt mich an,
daß ich mein vergnügtes leben
aller liebeslust ergeben
und mich völlig trösten kan.
CHR. WEISE, beschützte anschuld, schluß. *(in den überfl. gedanken a. g. 396).*
selbstverständlich häufig in Neukirchs sammlung, z. b.: 1, 36, 116, 165; 2, 79; auch
von Krämer und Stieler wird das wort schon
verzeichnet.

LIEBESMACHT *(Arnim; dazu 2 poet. beispiele, aus Paul Gerhardt und Heine).*
dem güldnen getümmel
der sternen am himmel
ist eben die liebesmacht auch bewust.
ZESEN Helikon 2, 132 (ausg. v. 1656).
und die keuschheit triumphiere
durch die süße liebesmacht.
CHR. WEISE, triumph. keuschheit, schluß.
(in den überfl. gedanken a. g.)
ihr fernen, reuren seelen,
wir wünschen gute nacht,
wir wollen euch empfehlen
der ew'gen liebesmacht.
SCHENKENDORF 101 (soldaten abschied 1813).
vgl KNAK Zionsharfe² 140, 142 (1843)
sie *[die nachtigall]* schlägt so süß, sie singt so trüb
von großer liebesmacht.
OEHLKEL neue gedichte 249.

LIEBESMAHL *(Steinbach, Lessing).* die
liebesmahle, mit welchen das abendmahl
zu feyren sey. ARNOLD kirchenhist. t. 2,
buch 17, cp. 9, § 21, p. 133 b. das einzige
poet. beispiel die bekannte parodierende stelle
Göthes an Silvie von Ziegesar, aus Karlsbad
1808.
o süßer lebenstrank,
o liebsmahl, das ich preise.
JOH. RIST *in dem abendmahlslied* 'Wie wohl
hast du gelabet'.
drum so komm und leuchte
mit dem gnadenstrahle
unserm lob- und liebesmahle.
ZINZENDORF 315 (1732).

LIEBESMÄHR *(nur Platen).* erkennen,
daß der will, die künste in freudenspielen
vorzutragen, viel löblicher, als ärgerliche
liebesmähre *(so),* närrische futzongedichte
und abscheuliche trauerhändel auf den schauplatz zu führen. HARSDÖRFFER frauenz. gespr. 5, 437 (1645).
Musäus sang zuerst der Ero liebesmähre.
BODMER gedichte 56 (1734, in der 2. aufl.
Zürich 1754).

LIEBESMELODEI *(nur Heine;* liebesmelodie *fehlt ganz).*
sie sang, wie ich, zwar liebesmelodien
GÖCKINGK bei Gödeke elf bücher 1, 739 b.
o frühling, ewge liebesmelodie,
unausgetönt von allen nachtigallen,
unausgeblüt von allen rosen!
RÜCKERT 5, 96 (sicilianen 70).
die welle spricht:
zog ich dann mit leisem rauschen an dem blühnden ufer hin,
hört' ich schallen durch die zweige süße liebesmelodien.
L. v. PLÖNNIES *die welle bei Schenkel-Paldamus* 3, 42.

LIEBESMEER *(Platen).*
o der gar wär' ertrunken
in der gottheit liebesmeer!
GOTH. ARNOLD ('O der alte hätt verloren' str. 3).
denn was sie damals trüglich ihr gepriesen,
versenkt sie in des liebesmeeres grund.
GRIES ras. Roland 42, 26.

da unergründlich liebesmeer!
E. M. ARNDT gedichte 487.
vgl. auch:
  der liebe süßes meer.
  LOHENSTEIN Agrippina 2, 173.

LIEBESMÜHE.
einst von meinen liebesmühen
sollst du unterrichtet sein.
RÜCKERT 5, 855; *d. wort auch* 6, 229.

LIEBESMUND. *auch* RÜCKERT 12, 118 *und* IMMERMANN Tristan 8.

LIEBESNACHT *(Göthe, Körner).* NEUKIRCH 5, 165, RÜCKERT 2. 435. liebesnacht- und tagesgleichen *ebd.* 5, 98 *gehört freilich kaum hierher.*

LIEBESNAME *(Rückert).* falsche liebenamen. HARSDÖRFFER frauenz. gespr. 3. 442 (1643).

LIEBESNEIGUNG *(Butschky, Göthe, Scheffel).* HARSDÖRFFER frauenz. gespr. 1. 135 (1643); 4, 340 (1644); 5, 337, 262. 491 (1645); 7. 296; 8. 241.

LIEBESNETZ *(Heinse, Schiller Heine).* fället Kühnhold in die liebesnetze einer arglistigen wittib. HARSDÖRFFER frauenz. gespr. 6. 290 (1646).
ich wuste noch zur zeit kein wort von liebesnetzen.
HOFFMANNSWALDAU heldenbr. 10 (ausg. v. 1696).
so zerreiß die liebesnetze,
daß mich nicht ihr garn bestricke.
MENANTES allern. art. 220.
wie zart umspann ein liebesnetz uns licht vor
  golde!
TIECK gedichte 1, 218 (1801).
goldne strahlen sichs erfreuend
liebesnetze um den kämpfer.
ebd. 2, 208 (1801).

LIEBESODEM *(Bürger).*
dein liebesodem und mein sehnsuchtsathem,
zwei hauche waren es, und sind nun einer.
RÜCKERT 1, 584.
o solche lust mag doch nicht blumen glöcken,
wie heiß sie auch in liebesodem glimmen,
als wo zwei menschen an das herz sich drücken.
RÜCKERT 3, 183 (edelst. u. perle)
wie leiser liebesodem
hauchet so lau die luft.
GEIBEL gedichte 33.
die form liebesothem *ist in der 1. abteilung aus Tieck nachgewiesen.*

LIEBESOPFER *(Göthe).*
nur fürsten sollen dir die liebesopfer bringen.
NEUKIRCH 4. 46
und du, Cupido, geh, bestelle nur den schmaus
und ruf im ganzen forst ein liebesopfer aus.
ebd. 4, 211.
liebopfer *hat 1618 Wekherlin in Gödekes auswahl 10.*

LIEBESORDEN *(Opitz). später auch von Hunold gebraucht:*
ach, denke doch, daß in dem liebesorden
zur unbestand das grösste laster sei.
edle bemühung 56 (1702?).

LIEBESPAAR *(Göthe, Bürger, Platen).*
wo sich kein liebespaar durch deine gunst vertreug.
A. GRYPHIUS dornrose, *schluß bei* Palm s. 337.
es wäre eine reihe von belegen aus dem 17. jahrh. beizubringen, in denen man nach dem zusammenhang — und nach dem druck — zwischen liebes paar *und* liebespaar *schwanken kann.*

LIEBESPEIN. *Zu dem beleg aus Opitz sei bemerkt, daß das wort bei diesem dichter achtmal vorkommt:* 1, 70; 2, 85, 173, 195, 205, 238 *(dies der beleg des wbchs),* 243; 3, 184.

LIEBESPFAD *(Schiller). schon bei* MENANTES allern. art 106.

LIEBESPFAND *(Fleming u. s. w.) prosaische beispiele f. d. wort fehlen ganz. vgl.* von diesem köstlichen liebspfande. ZESEN lbr. 1, 131 (1645). *spätere wären natürlich schockweise beizubringen. gelegentlich sei hier ein beispiel aus neuerer zeit für den auch früher im ganzen unüblichen und heute wohl noch selteneren plur.* pfande *gegeben:*
ich sah mich selber, gar gebückt und klein,
geschwächten auges. am ererbten schrein
sorgfältig ordnen staub'ge liebespfande
(:lande *dat. sing.*) A. v. DROSTE-HÜLSHOFF
im moose str. 5.

LIEBESPFEIL *(Butschky).*
mit liebespfeil durchschcusst das herz
Cupido bald, macht immer schmerz.
HOCHSTETTER sonnenritter 263 (1611).
Thisbe zeucht aus in schneller eil
dem Piramus seinen liebespfeil.
A. GRYPHIUS Peter Squenz 21 (Braune).
geistlich:
da suchst du mich recht zu verwunden,
mit deinem schärfsten liebespfeil.
O. ARNOLD göttl. liebesf. 88 (1608).
vgl. auch:
  der todespfeil im herzen
  wird schnell zum liebespfeil.
  SCHENKENDORF 25 (an Jacob Böhmes grabe).

LIEBESPFLANZE, *nur als botan. name aus Neukirch belegt, steht natürlich auch im übertragenen sinne:*
hier ist kein erdreich nicht, dem er die liebespflanze.
kan nützlich pfropfen ein.
LOHENSTEIN Epicharis 2, 31 fg.
ja, wo nur anmutsthau die liebespflanze nährt.
LOHENSTEIN rosen 94.
der wurzel, wo heraus die liebespflanze blühet,
(d. h. aus der schönheit).
LOHENSTEIN Venus bei NEUKIRCH 1, 20.
des hasses blick ist frost. des neides blick ist glut;
o liebespflanze, dir ist glut und frost nicht gut.
RÜCKERT 8, 27.

LIEBESPFLEGE. mir auch nur bei Rückert aufgestoßen:
dem schwäher diente sie im opferhaingehege,
der schwäherin im haus mit zarter liebespflege.
12 267.

LIEBESPFLICHT. *bei* OPITZ *auch* 2, 131.
LIEBESPLAGE *(Platen).*
die herben liebesplagen.
PHILANDER V. D. LINDE scherzh. gedichte 131 (1694).
doch über nichts darf man, als über liebes-
                        plagen,
so sehr, so viel, so oft, ja unaufhörlich klagen
                        NEUKIRCH 5, 27.
der rabe wollte jüngst von seinen liebesplagen
der turteltaube viel in ihre ohren sagen.
    v. KOTTWITZ 808 (1736). *vergl. auch* Picander
492 (1720)

LIEBESPRACHT *(nur Bürger).*
ein edles weib wie ich
schaut liebespracht als spreu, die seel al-
                  körper an.
    HOFFMANNSWALDAU heldenbr. 158.
doch ach, das glück, das oft ergrimmt,
wo es zuvor gelacht,
beneidet bald des königs lust
und Röschens liebespracht.
HERDER stimmen der völker *bei Hempel* 5, 180.
aus dem 19. Jahrh.:
und scherzte bis um mitternacht
in stiller heitrer liebespracht
Treuröschens herzen so nah.
                  KÖRNER 2, 138.
wie dem wandersmann im dunkeln
in einer langen winternacht
die sterne Gottes tröstlich funkeln
in ihrer ew'gen liebespracht.
SCHENKENDORF 40 (an Heinr. Jung, gen Stilling.
o, das war ein selig leben, wenn dann nieder-
                sank die nacht,
alle sterne uns begrüszten mit der hellen lie-
                bespracht.
L. v. PLÖNNIES die welle *bei* Schenckel-Paldamus
3, 42.

LIEBESPROBE *(Brockes, überschrift bei
Göthe) schon im 17. jahrh.:* CHR. WEISE
notw. gedanken 60 (1674) u. 243. *titel eines
romans von Bohse* (1692). *bei* GÖDEKE *grundrisz s.* 510 nr. 317. 4. *vgl. auch:*
des vaters seltne treu, der mutter liebesproben.
                GÜNTHER 448.
dann geistlich:
die zucht ist Gottes liebesprobe:
hier schmelzt er gold von schlacken ab.
BENJ. SCHMOLKE heil. liebesflammen 139 (1709).

LIEBESQUAL *(Göthe, Platen).*
die rauhe liebesqual.
    A. GRYPHIUS 273 Palm *(verl. gespenst).*
und Didons geist fühlt liebeskwal.
    LOHENSTEIN Sophonisbe 2, 469 (1665).
ergötzest du dich selbst an meiner liebesqual?
                NEUKIRCH 3, 102.
nach glücklich eingenommnem mahl
erwägt er seine liebesqual
und will nunmehr durch gift erbleichen.
    HAGEDORN oden und lieder 22 (1747).

LIEBESQUELLE *(nur aus Göthes briefwechsel mit einem kinde):*
der unhold giftmaul stöszt
so herbe schlehen aus und sucht die liebes-
                quellen,
die in der kinder herz entspringen, zu vergällen.
            LOHENSTEIN Agrippina 8, 372 ff.

es strömt auf ihn herab die ewge liebesquelle,
es kann sein durstend herz nicht fassen jede welle.
              LENAU gedichte 397.
du lebensquelle, liebesquelle!
du unergründlich liebesmeer!
       E. M. ARNDT gedichte 487.

LIEBESRASEREI *(Arnim).*
der kommt nicht leicht in liebesraserei.
WEICHMANN poesie der Niedersachsen 1, 354
(1721) *später auch bei* IMMERMANN Tristan
192.

LIEBESRAUSCH *(Körner, Platen).*
beluscha
die junge fürstin Eboli
in süszem liebesrausche.
SCHILLER bittschrift *bei* Gödeke 4, 18 (1785).
in dem vollen
liebesrausche meines traums.
TÜMMEL reise 1, 310 = werke 2, 310. *dann*
GRIES Bojardo verl. 2, 60 = ges. 19, str. 61.
vgl. der liebe süszer rausch.
NOVALIS 2, 59 (hymnen an die nacht).
oft liebte Harold oder träumt zu lieben,
denn jeder liebesrausch ist nur ein traum.
    BYRON 1, 33 (Harold 1, 82).

LIEBESREIZ *(nur Platen).*
weil sich mein schnee nicht wird von euren glie-
                dern trennen,
wird süszer liebesreiz in euren herzen brennen.
            LOHENSTEIN rosen 62.
und eh als er dies bild der keuschheit inne ward,
durchdrang ein pfeil die brust, der liebesreiz
              ihr herz.
                ebd. 94.
denn ist die kunst nicht grosz
der, die den Julius für ihr sah kniend liegen,
durch süszen liebesreiz den keiser zu besiegen.
            ebd. Cleopatra 2, 478.
ein ewig nectar tränket
der haare liebesreiz, der nur auf lust gedenket.
              NEUKIRCH 2, 803.
diese stunden
hat Rosabella was vom liebesreiz empfunden.
    MÜHLPFORT hochzeitged. 70 (1675).
der wuchs, das auge, grade bein,
sind wol, was weibern heller schein
und liebesreiz und schönheit dünkt?
    TIECK kaiser Oktavianus 124.

LIEBESREIZEND *(Butschky).* durch
liebesreizende bewegung ihres athems.
ZESEN poet. rosenw. vorschmack 34 (1642).
die liebesreizende stimme. ZESEN Ibrahim 1, 333. welcher seine freiheit .. durch
ihre liebesreizende anlokkungen ver-
führen muste *ebd.* Ibrahim 1, 577; die
liebesreizende liebesmeisterin. *ebd.*
jugendflammen 7 (1651). zu dem ende spielen sie mit dem blitzen ihrer liebesrei-
zenden augen fort und fort auf ihn zu.
ebd. Assenat 134; mit allen ihren liebes-
reizenden geberden. *ebd.* 149.

LIEBESREIZUNG *(Butschky).* aus liebesreizung gegen der zarten jungen fürstin,
seiner basen. PHILANDER 6, 221 (Somnium,
Frkft. 1646). der zorn, der ehrgeiz, die
liebesreizung und dergleichen bewegungen

des herzens treiben das geblüt in das angesicht. HARSDÖRFFER frauenz. gespr. 8, 513 (1649). vergl. auch CHR. WEISE notw. gedanken 463 (1675) *und* triumphirende keuschheit 3. handlung (vor 1674).

LIEBESROMAN. *wird nur aus Schillers Fiesko in der übertr. bed.* = *(romanhaftes)* liebesverhältnis *belegt, während es doch schon seit dem anfange des 18ten jahrhunderts in der ersten bedeutung nachzuweisen ist. die liebesromane des 17ten und der ersten jahrzehnte des 18ten jahrhunderts bezeichnen sich freilich meist als* liebesgeschichten, liebesbeschreibung *oder* liebesbegebenheiten; *doch nennt Joachim Meier seine im jahre 1705 erschienene* Amazonische Smyrna *einen* staats- *und* liebesroman.

LIEBESSACHE *(Wieland, Immermann).*
 dann soll der himmelgurt,
 der den schnee hat zur geburt,
 so viel thun bei liebessachen,
 daß u. s. w.   OPITZ 2, 72.
 wann ein weib, das oft gebieret,
 auch viel geld und liebessachen,
 uns hier irrdisch selig machen.
       ebd. 2, 216.

wan es von liebessachen ist. ZESEN Ibrahim 2, 36 (1645). liebssachen HARSDÖRFFER frauenz. gespr. 5, 309 (1645). in liebessachen. A. GRYPHIUS seugamme *bei* Palm 456. lustig ists, weil es von liebessachen handelt; traurig, weil zwei mörde drinnen geschehen. *ebd.* Peter Squenz 18 (Braune). und saget ein gelehrter ausländer nicht ungereimt, daß man der poesie mit entziehung der liebessachen die herzwurzel verstecke. HOFFMANNSWALDAU *vorrede zu den heldenbriefen.*
man muß sich der natur auch in den liebessachen
als ein gehorsam kind recht unterwürfig machen.
    CHR. WEISE überfl. gedanken 85 (1692).

in geistlicher dichtung:
 wann Gott mit uns so spielt
 und lauter liebessachen
 uns zeigt, darin der matte geist sich kühlt,
 so können wir ja recht schoßkinder sein.
   GOTTFR. ARNOLD göttl. liebesfunken 177.
 verschwiegenheit in liebessachen
 ist eine recht bewährte kunst.
  NEUKIRCH 2, 303 *(vgl. Wieland* 21, 243:
  die heimlichkeit in liebessachen.)
da will die zehnde kaum von liebessachen
   wissen.
   ebd. 2, 307; *vgl.* 4, 263; 5, 108.

der pl. steht auch im sinne von liebesbriefen, liebesgedichten und dergl.:
 so bleibt mir dieser trost von meinen liebessachen,
 daß sie zu guter letzt ein freudenfeuer machen.
      NEUKIRCH 2, 123.

LIEBESSCHEIN *(Butschky in einer überschrift; kein poetischer beleg).*
 lieb- und gegen-liebes-schein
uns Fleming *belegt von* Hildebrand *zum worte* gegenliebe.
 ach, du weist es sonder mich,
 wie mein herze sehne sich
 nach dem güldnen liebesscheine.
  DAVID SCHIRMER (1657) *bei* Gödeke elf bücher 1, 307 b.
 und die redlichkeit betrüben
 heist vielleicht dein liebesschein.
      NEUKIRCH 1, 328.
 o ferner liebesschein,
 glimmst ferner nach mir her?
    TIECK gedichte 3, 79.
 schön, dornlos, voll ewigem liebesschein,
 kann sie mit sich selbst nur verglichen sein.
    RODENSTEDT Mirza Schaffy.
auch im geistl. sinne:
 des heilands liebesschein.
     MÜHLPFORT leichenged. 431 (1680).
 bisher ist keine zeit verflossen,
 daß nicht ein neuer liebesschein
 mich in dem herzen überzeugt,
 er sei mir väterlich geneigt.
BENJ. SCHMOLKE *in str. 2 des liedes:* 'wie sollt' ich meinen Gott nicht lieben'?
 drum wird auch dessen *[des himmels]* liebesschein
euch ferner in gnaden beförderlich sein.
  CHR. WEISE notw. gedanken 145 (1666).
 sprich: ist dein busen also rein,
 daß du am fernen liebesschein
 magst aug und herz entzücken?
    E. M. ARNDT gedichte 200 (1811).

LIEBESSCHWANGER *(Tiecks prosa, Platen).*
 liebesschwangre zuckerballen.
     NEUKIRCH 4, 111 (1708).
 das liebesschwangre herze.
   TIECK gedichte 1, 159 (1803).

LIEBESSCHWUR. *zu dem bekannten beispiel aus Göthen braut von Korinth vermisst man eins von Schiller:*
 die leichten liebesschwüre,
 die oft gelobte und gebrochne treu.
       Phädra 1, 1.

LIEBESSEGEN *(nur Platen).*
es mangelt ihm auch nicht an reichem liebessegen.
  LOHENSTEINS Venus *bei* NEUKIRCH 1, 280.
im geistl. sinne:
 schick uns deinen liebessegen
 und erfreu das land mit regen.
    CHR. GRYPHIUS poet. w. 215.

LIEBESSEHNEN *(nur Heine).*
 er verlangt zuletzt von dir
 nicht ein heißes liebessehnen.
      NEUKIRCH 3, 73.
 solch süßes leid, solch banges liebessehnen.
    E. SCHULZE bez. rose 2, 5.
 wo ist der geist,
 der mildlich fleußt
 in liebessehnen?
   E. M. ARNDT gedichte 366 (1819).
 und weint ein liebend menschenpaar,
 die thräne, die die liebessehnen gebar
 die thräne soll dein spiegel sein.
   ANAST. GRÜN 292 (elfenliebe).

LIEBESSEIL (*Herder*).
die wunderschönen haar' sind feste liebesseile.
A. GRYPHIUS sonette 1, 26 (s. 676 der ausgabe von 1698).
kein vogel klagt von seinen liebesseilen.
ebd. sonette 2, 2 (s. 691).
hat nun mein liebesseil die stärkesten gebunden.
NEUKIRCH 3, 15 (1697); *worte der schönheit.*
sieh, wie mein herz sich ängstet nacht und tag, wie es gefesselt liegt am liebesseile.
ebd. 3, 103.

geistlich:
wer wollte sich nicht ziehen lassen, wenn er in liebesseilen geht?
BENJ. SCHMOLKE *str. 5 des liedes:* 'wie sollt' ich meinen Gott nicht lieben'?
führst du mich gleich auf rauhen wegen, das kreuz ist auch ein liebesseil.
*ebd. str. 8
vgl.: kreuz ist rechtes liebesseil.
JEREM. KETZLER *str. 3 des liedes:* 'meine seele, sei vergnügt'.

da zog sie *[Sophia]* mich zurück mit starken liebesseilen. G. ARNOLD göttl. liebesfunken 96 (1698). *ähnlich:* v. KOTTWITZ moral. gedichte 42 (1736). wollen diese liebesseile nicht anschlagen, so gebraucht er *[Gott]* einen andern weg und nimmt die zuchtrute. BRASTBERGER evangel. zeugnisse der wahrheit p. 195 *(predigt am sonntag invocavit).*

LIEBESSEUFZER (*nur aus Göthes briefwechsel m. e. k.*). daß er alzeit, wan ich liebesseufzer laße, mit trauer- u. angstseufzern darauf antwortet. ZESEN Ibrahim 2, 474. ob sie schon ihrem Josef von weitem so viel herzenzükkende blikke gab, ob sie ihm schon von ferne so manche liebesseufzer zuschickte: so trafen doch alle diese feurige liebesboten nur ein kaltes herze an. ZESEN Assenat 100.
wo ich diese nacht nicht bin, schick ich liebesseufzer hin.
CHR. WEISE überfl. gedanken 5, 12 *(ausg. von 1692).*
dies schreib ich aber nicht, was deiner brüder weh vor liebesseufzer läßt nach deiner seele schießen.
NEUKIRCH 1, 123.
dann wird ein edles herz hinweggemähet, das in den letzten liebesseufzern bricht.
TIECK gedichte 2, 260
nie wagte ein dichter und ergriff die feder, eh er sie eingetaucht in liebesseufzer.
SHAKESPEARE liebes-leid und -lust 4, 1.
(never durst poet touch a pen to write until his ink were temper'd with love's sighs).

LIEBESSIECH (*Wieland*) *auch so viel als* bleichsüchtig:
so bleich und grün wie liebessieche mädchen.
WIELAND 21, 143 (liebe um liebe).

LIEBESSINN (*nur ein beleg, aus Uhland*).
flng er bald heimlich an zu brennen und dacht' in seinem liebessinn:

buy, hay, ich bilde fest mir ein, daß die wird meine liebste sein.
GE. NEUMARK poet. musik. lustwäldchen 121 (1652).
dein sanfter liebessinn sei ihr geschmack von innen.
ZINZENDORF 182 (1728) *in einem hochzeitliede an einen bräutigam.*

der herzliche liebessinn des erniedrigten Jesus. *thema einer predigt Brastbergers auf den sonntag invocavit* (zeugnisse evang. wahrheit, *mit vorrede vom jahre 1758). vgl.* TIEDGE *bei* GÖDEKE elf bücher 2, 222 b;
wie sie den liebessinn *[Christi]* verschmähn.
fehlt mirs am rechten liebessinn, stell' ich mich unters kreuz nur hin.
v. PFEIL evang. herzensgesänge 1, 27, *hsg. v. Knak, Berlin 1850.*
in deinen süßen armen, du süße königin, laß ewig mich erwarmen im frommen liebessinn.
E. M ARNDT gedichte 102 *der könig von Burgund, 1804).*
doch muß ich stets mich wenden zu deiner gegend hin und immer grüße senden voll treuem liebessinn.
SCHENKENDORF 27 (1813).
und gleicher liebessinn zog leis' und süß den freund zum freunde hin.
E. SCHULZE Cäcilie 8, 48.
soll besser wohnen haß als liebessinn?
SHAKESPEARE sonette 10 (*übers. v.* E. Wagner).

LIEBESSOHN (*unwürd. doktor*).
wo bleiben dann die Gratien mit deinen liebessöhnen?
BESSER 604 (1705).

LIEBESSPENDE (*nur Heine*).
unwert so höchster liebesspenden.
IMMERMANN Tristan 204.

LIEBESSPIEL (*2 poet. belege aus Fleming, 1 prosaischer aus Arnims kronenw.). andere poet. beispiele aus dem 17. jahrhundert bieten* HARSDÖRFFER frauenz. gespr. 3, 468 (1643), LOHENSTEIN rosen 47, NEUKIRCH 2, 8. *das wort wird wol schon im 16. jahrhundert vorkommen, vgl.* Venusspiel *bei* FISCHART lob der mucken 204; *belege aus dem 19. jahrhundert will ich nicht häufen, nur erinnert sei an* SHAKESPEARES Venus u. Adonis *str. 4 (übers. v.* E. Wagner):
zur stunde scheint ein sommertag verkürzt, wird er mit holdem liebesspiel gewürzt.

LIEBESSTERN (*Rückert, Uhland, Heine*).
ein himmel, wo das heer der liebessterne strahlet. NEUKIRCH 2, 2. *noch phrasenhafter:*
die brüste regt kein trieb entflammter liebessterne,
sie sind von Zemblens eis ein zugefroren meer.
LOHENSTEIN rosen 19 *(wiederholt bei Neukirch 6, 5).*
desgl.:
Iann muß die neigung hier als wie ein fixstern stehn, damit der liebesstern sie nicht so bald verlasse.
NEUKIRCH 5, 26.

erfreulicher:
>klarer liebesstern,
>du leuchtest fern und fern
>am blauen himmelsbogen.
>MALER MÜLLER 2, 45 (Golo u Genoveva 2, 4).

>da fiel ins dürre herz der frische regen,
>der himmel glüht' mit neuen liebessternen.
>TIECK gedichte 2, 73.

>von dem Rheinfall hergegangen
>komm ich, von der Donau quell,
>und in mir sind aufgegangen
>liebessterne mild und hell.
>SCHENKENDORF 128 (frühlingsgruß an d. vaterland).

>blick auf, du vielbetrübte,
>sei fröhlich, gottgeliebte,
>wie strahlt dein liebesstern!
>*ebd.* 168 (1814).

die beispiele aus Uhland sind nicht besonders gut gewählt; ich vermisse die schöne stelle aus Herzog Ernst akt 2:

>auch du hinab, du goldner liebesstern,
>der meiner jugend pfade schön erhellt!

geistlich:

>auf deinen liebesstern (Jesus) gieb acht,
>er und der vater halten wacht.
>C. M. ARNDT gedichte 610 (1856). *vgl. auch*
>KNAK zionsharfe⁵ 184.

LIEBESSTREICH *(nur Lessing).*
>es macht die karge frau durch diesen liebesstreich
>(d. h. durch üppige bewirtung eines liebhabers)
>die wilden männer zahm, die harten thaler weich.
>STOPPE gedichte 2, 176 (1729).

in der bedeutung liebesschlag *wird das wort nicht belegt, vgl.:* mit liebesstreichen peitschen. SCHOTTEL 1116. *diese wendung ist dann in das dictionarium Wiederhold 288 (Basel 1683) aufgenommen; doch fehlt das wort überhaupt bei Stieler, Erberg, Rädlein, Krämer (1719), Steinbach, Frisch, Adelung, Campe. nur Moerbeek (1787) hat* liebestreich *in der ersten bedeutung und giebt es durch* minnaary.

im geistl sinne:
>ist nicht sein (Gottes) schlag ein liebestreich?
>BENJ. SCHMOLKE heil. liederflammen 7 (1709).

LIEBESSTÜCK *(nur Hölty für* liebesstückchen).
>in tausend liebestücken. SIMON DACH 771.

LIEBESTAG *(Göthe). vgl. auch:*
>er sieht voraus die liebestage,
>wo band in hand sich gern ergeht,
>manch mädchen zeigt die hand zur frage,
>weil er die linien jetzt versteht
>ACHIM v. ARNIM der kranke knabe str. 4
>(Gödeke elf bücher 2, 318 a).

LIEBESTHAT, *als* 'that der geschlechtsliebe' *durch die sehr bemerkenswerten beispiele aus Eberhard v. Cersne (anfang des 15. jahrh.) belegt, kommt in der gleichen bedeutung auch im 17. jahrh. vor:*
>wenn eine keusche braut auf falscher liebesthat
>den bräutigam betrifft.
>ABSCHATZ Guavinis getr. schäfer s. 83

als 'that der menschenliebe' *erst aus Bürger belegt.*

>wie kan ich dir denn deine liebesthaten
>im werk erstatten?
>JOH. HEERMANN († 1647) devoti musica cordis *(ausg. v.* 1644).

>was opfre denn ich dir dafür,
>für diese liebesthaten?
>BENJ. PRAETORIUS jauchzendes Libanon (1659)
>*bei Gödeke elf bücher* 1, 405 b.

LIEBESTHAU *(nur Arnim).*
>mit liebestau begossen.
>ZESEN jugendflammen 172 (1651).

s. die stelle im zusammenhange in der 1. abteilung unter liebesschranke.

>daß alle welt es wisse,
>welch reizend liebesthau auf meine lilgen flüsse
>(d. h. fließe).
>LOHENSTEIN rosen 60.

von den küssen:
>wann ein verliebtes paar bei angenehmen morgen
>den zarten liebesthau auf rothe knospen setzt.
>HOFFMANNSWALDAU heldenbriefe 137.

>weil stets der liebesthau auf ihren (der lippen)
>blättern schwebt.
>NEUKIRCH 2, 102; *vgl. ebd.* 4, 191.

LIEBESTHORHEIT *(Arnim, kein poet. beispiel).*

>bis jetzt begriff ich nie
>die liebesthorheit, fragte lachend: wie?
>SHAKESPEARE maß für maß 2, 2.

LIEBESTRANK. *die prosabelege gehen von Kirsch (1713) bis Göthe, der einzige poetische beleg ist aus Platen entnommen.*

>ich will dir, stets in gunst zu sein und auch zu
>bleiben,
>den besten liebestrank erzählen den man giebt:
>wo du die deinen liebst, wirst du durch sie geliebt. OPITZ 1, 305.

>Lucretius ward toll auf seinen liebestrank.
>*ebd.* 2, 185. *vgl. auch später* liebtrank.

LIEBESTRAUM *(Göthe, Rückert).*
>und Filidor erwachte wieder,
>nachdem er einer stunden lang
>gelegen unter einem baum
>in einem süßen liebestraum.
>GE. NEUMARK lustwäldchen 110 (1652)

>sehnst du denn aber dich nach sanften liebesträumen.
>NEUKIRCH 2, 10.

in seinem süßen liebestraume. ebd. 4, 191.

vgl. auch:
>wie liebestraum
>hängt rosenbluth am felsenklüfte.
>TIECK 1, 18.
>der mond aussandte sanfte liebesträume.
>*ebd.* 1, 245.

>durch leichte liebesträume
>flog Biarkos geist dahin.
>SCHULZE Cäcilie 8, 14.

>wohl kamen andre seiten, strengere,
>die mich gerüttelt aus dem liebestraume.
>UHLAND herzog Ernst 2. aufzug.

leider ist auch das einzige dichterische beispiel aus Göthe (Faust) durch den druckfehler liebestrank *statt* liebestraum *entstellt.*

LIEBESTREU. *unter mehrfachen belegen (seit P. Gerhardt) vermisse ich die stelle aus Schillers vier weltaltern:*

die flamme des liedes entbrannte neu
an der schönen minne und liebestreu.
LIEBESTRIEB *(Caniz, Bürger).*
    alle sternen wünschen mir
    durch ein güldnes winken liebe,
    und des himmels lustsafür
    wallt im heiszen liebestriebe.
  MÜHLPFORT 2, 134; *vgl.* NEUKIRCH 2, 158, 159.
schon früher in religiösem sinne:
    o selge brunst der süszen lieb,
    o feurig heiszer liebestrieb,
    o süsses labsal, lust und wonn,
    wenn man liebt Jesum, Gottes sohn.
JOH. ARND *paradiesg. bei* Wackernagel *kirchenlied* 6. 452a.
    dieser süsze liebestrieb
    kan auch im tode mich erfreuen.
G. ARNOLD *göttl.* liebesfunken 79 (1698). *ebd.* 84. 88. 93. 207.
    von der treuen Jesushand
    offenbart sich lauter liebe:
    nichts beruht auf unbestand
    bei dem treuen liebestriebe.
BENJ. SCHMOLKE heil. liedesflammen 11 (1709).
    Christi wohlgeprüfte liebe
    gegen seine lämmerlein
    fordert gleiche liebestriebe:
    er ist unser, wir sind sein.
ZINZENDORF 49 (1722).
LIEBESUMARMUNG *(Stolberg).* Herrenhuthianismus in Tumoro 1. 15 (1749).
LIEBESVEREIN *(Platen).*
    dasz ihr bürgerliches und sein adliches geblüte
    zu einem ernsthaften liebesverein
    sich so wenig fügten wie wasser und wein.
  KORTUM Jobsiade 3, 45.
als der hexameter einst in unendlichen räumen des epos
    ernst hinwandelnd, umsonst innigen liebesverein
    suchte, da schuf aus eignem geblüt ihn ein weibliches abbild
Pentametrea und ward selber Apoll paranymph.
A. W. SCHLEGEL *die elegie* (1805)
LIEBESVERLANGEN *(P. Gerhardt, Körner), auch bei* ZESEN Ibr. 1, 224 (1645).
LIEBESVOGEL (Voss *von der nachtigall). auch von den schwänen:*
    weil wir liebesvögel sind,
    so rechnen wir uns jetzt zu deinen unterthanen.
BESSER 659 (1681).
LIEBESVOLL *(Fleming, Wieland, C. F. Weisze). vgl. auch:*
    du gnadenreiches haupt, du liebesvoller geist.
CHR. WEISE *notw. gedanken* 405 (1675).
LIEBESWAHNSINN *(Göthes divan).*
    ein mensch, der in der schwärmerei
    des liebeswahnsinns einen stollen
    an seinem bett umarmt.
WIELAND 21, 104 (Klelia u. Sinibald).
ob süszen harm, ob scherzo du wirken magst,
ob hader oder liebeswahnsinn (insanos amores)
oder gefälligen schlaf, mein weinkrug.
GEIBEL class. liederbuch 198 (2. aufl.).
LIEBESWÄRME *(Göthe).* bezeichnender *wäre vielleicht das beispiel aus dem Götz:* ich würde an deinem busen der ewigen götter einer sein, die in brütender liebeswärme

in sich selbst wohnten und in einem punkte die keime von tausend welten gebaren. *bd.* 11, 2, 121 (Hempel).
LIEBESWEG *(Göthe, Platen). das wort scheint entsprechend den gegebenen beispielen hauptsächlich in der mehrzahl vorzukommen:*
    will auf deinen liebeswegen
    dir den fackelträger machen.
GEIBEL gedichte 32.
    und auf verstohlnen liebeswegen
    kam leichten dirnen er gelegen.
KINKEL Otto der schütz 5 s. 36.
anders in ernst religiösem sinne:
    kommt her, versöhnte kinder,
    hier ist der liebesweg.
E. M. ARNDT gedichte 473 (abendmahlslied).
die liebeswege *des herrn überschrift eines geistlichen liedes.* KNAK zionsharfe [3] 94 (1843).
LIEBESWEH *(nur Heine).*
    die rauhe see
    lehrt das beschüpte volk das heisze liebesweh.
HOFFMANNSWALDAU *getr. schäfer* 1, 1 s. 8.
pl. liebeswehen
    dasz ich zur heilung ihrer liebeswehn
    das mittel braucht,'
GRIES *ras* Rol. *ges.* 43 *str.* 21 (bd. 5, 130 *der 2. aufl.* 1828).
    liebesweh und liebeswonnen,
    sehnsucht und befriedigung,
    was im busen sich entsponnen,
    kundet deiner töne schwung.
ADOLF STÖBER *preis der deutschen sprache bei* Schenkel-Paldamus 3, 226.
LIEBESWERK als 'thätliches werk der sinnlichen liebe' *(vgl.* liebesthat) *wird nicht blosz von Campe verzeichnet, sondern steht früher gerade vorzugsweise in diesem sinne* so übersetzt Krämer *(1678)* liebeswork *nur durch* amorosi congiungimenti *und verweist auf* chowork; Erberg *(1710) durch* plaisir charnel *und dann wie Krämer; Rädlein (1711) ebenso und durch* amoureux embrassement, accouplement.
das blinde liebeswerk, die süsze gift der sinnen und rechte zauberei, hat letzlich hier ein end'.
OPITZ 2, 245 (beschlusz-elegie zu den poet. w.).
    an ieder seite stund ein spiegel fremder art,
    in dessen wunderglasz die schöne *[Venus]* konte merken,
    wer durch das weite rund in lieb und liebeswerken
    mit seufzen und mit lust ihr eingeweihet ward.
NEUKIRCH 2, 245; *vgl. auch* MENANTES *allern. art* 592, GÜNTHER lebensbeschr. 77 *und* NEUKIRCH 2, 207.
in der von Heyne an erster stelle gegebenen bedeutung 'werk der erbarmenden, der nächstenliebe' *finden wir das wort ebenfalls, wenngleich meiner erinnerung nach seltener, schon im 17. jahrh.:* voller guten liebeswerke BUTSCHKY Pathmos 223 (1677). wo ein lebendiger glaube ist, da musz er sich regen und bewegen zu allen werken der

liebe. *im register aber wird auf diese stelle verwiesen unter dem worte* liebeswerke.

LIEBESWIND. *nach Opitz auch bei* NEUKIRCH 1, 234; 2, 1 *(letztere stelle angeblich von Hoffmannswaldau). aus neuer zeit:*

> also sprengt dein augenstrahl meines herzens starre rinde.
> daß es wogt in flut und glut, leichtes spiel der liebeswinde.
> W. MÜLLER 1. 155.

im sinne von gunst *mit diesem worte verbunden:*

> solt ich die bösen selig preisen,
> die weder licht noch glauben weisen,
> um derer gunst und liebeswind?
> Jos. WINKLER († 1722). *unverfälschter liedersegen* 490 s.

LIEBESWIRKUNG *(Butschkys Pathmos).* desgleichen spiel ist von der liebswürkung. fragend: was machet die liebe? HARSDÖRFFER frauenz. gespr. 1, 140 (1643).

geistlich:
> ich bin mit ihm, er ist mit mir verbunden,
> den ich in mir mit liebeswirkung spür.
> CHR. F. RICHTER († 1711) *in einem geistl. liede schles. kirchen- u. hausgesangbuch* 46.

LIEBESWORT *(Göthe, Schiller) wird schon von Stieler* (liebsworte) *verzeichnet.*
> ach, sie pflegt nicht zu verweilen,
> wann ich an bequemem ort *(lies* am beq. o.)
> sie gedenke zu ereilen,
> ihr zu sagen liebeswort.
> HARSDÖRFFER frauenz. gespr. 4, 56 (1644).

es soll kein liebeswort aus meinem munde gehn. NEUKIRCH 3, 54.

> mich dünkt, ein wenig lust und dieses hirtenkleid
> bring euch auf liebeswort.
> ANDR. GRYPHIUS schwärmender schäfer 2, 285, *bei* PALM e. 377.

mehrfach wird der ausdruck in TIECKS kaiser Oktavianus *gebraucht*: 74, 394, 396, *und entschieden vermißt man die stellen aus* SCHENKENDORFS muttersprache:

> muttersprache, mutterlaut,
> wie so wonnesam. so traut!
> erstes wort, das mir erschallet,
> süßes, erstes liebeswort! 194.
> klinge, klinge fort und fort,
> heldensprache, liebeswort! *ebd.* 195.

wenn die blätter rauschen
süßen freundesgruß,
wenn wir blicke tauschen,
liebeswort und kuß.
ebd. 118 (freiheit).

> und leicht gewogen hier am ort
> sind mir die ros'gen schönen;
> denn jede hört ein liebeswort
> zur cither gern ertönen.
> GEIBEL gedichte 26.

LIEBESWUNDE *(Opitz, Schillers Dido, Göthes divan). Opitz hat das wort schon früher als in der angeführten stelle, nämlich* 1, 79 (Daphne 1627):

> der gott, so von der himmelsbahn
> mit seiner strahlen kraft die ganze welt durchscheint,
> hat meines bogens rach' empfunden,
> geht jetzt und weint,
> ist krank an liebeswunden.

weitere beispiele aus dem 17. jahrh. bieten LOHENSTEIN Cleopatra 4, 590, NEUKIRCH 1, 64 u. a.

LIEBESWUNSCH, *nur aus Göthes späterer prosa belegt, findet sich schon bei* HARSDÖRFFER frauenz. gespr. 1, 135 (1643). *als poet. beispiel diene:*

> ich weiß, du trachtest mehr dein ehre zu erhalten,
> als, wie dein liebeswunsch recht zu erhalten sei.
> HOFFMANNSWALDAU heldenbriefe 99.

LIEBESWUT *(Wieland, Göthe, Schiller).* ich habe auch kein früheres beispiel angemerkt, doch wird es an solchen nicht fehlen; *vgl.:*

> der herzog schätzt es gut gemeint,
> giebt raum der liebe süßem wüthen.
> ZESEN Helikon 2, 62 (ausg. v. 1656).

LIEBESZÄHREN *(Platen).*
> liebeszähren, liebesflammen,
> fließt zusammen.
> NOVALIS 1 b, 220 (Heinr. v. Ofterdingen).

> soll die blüte ihnen *[den blumen]* wiederkehren,
> daß du sie bethaust mit liebeszähren?
> LENAU gedichte 245.

LIEBESZAUBER *(Bürger, Arnim) ist auch überschrift einer Tieckschen novelle* (1811) *im Phantasus.*

ANHANG.

BILDUNGEN MIT LIEBE- UND LIEB-.

Angehängt sei noch eine reihe von zusammensetzungen mit liebe und endlich mit lieb, die sich in ihrer bedeutung vielfach nicht von den mit liebes- gebildeten unterscheiden. an anderen stellen hingegen, z. b. öfters bei Rückert, wird geflissentliche unterscheidung vorliegen, in einzelnen fällen kann auch das bindende s vor dem anlautenden s des zweiten teils der zusammensetzung unterdrückt sein. Jacob Böhme, so weit sich nach der Aurora schließen läßt, scheint nur die zusammensetzung mit liebe (vereinzelt lieb) zu haben, also stets ohne bindekonsonanten; er bietet übrigens auch in den hier behandelten wörtern mehrere eigentümliche ausdrücke. die vorgeführten bildungen fehlen meist im DWB, die wenigen dort aufgenommenen sind hier wie vorher in der 2. abteilung durch die in klammern hinzugefügten namen der im DWB angegebenen quellen bezeichnet. die dürftigkeit der folgenden belege ist nur meine schuld: ich habe auf die mir begegnenden zusammensetzungen mit liebes schon seit längerer zeit geachtet, von den ohne den bindekonsonanten gebildeten erst nachträglich und flüchtig die nun folgenden angemerkt.

Kapitel 1.

LIEBEAUFSTEIGEN. und ist also ein ewiges ringen, würken und freundliches liebeaufsteigen. da sich dann in diesem aufsteigen die gottheit immer wunderlicher und unbegreiflicher und unerforschlicher erzeiget. JAC. BÖHME, Aurora 11, 64.

LIEBEBAND. glühendes liebeband. GÖTHE 13, 234 (Faust, 2. teil).

LIEBEBEDÜRFEND. aus der tiefe seines liebebedürfenden herzens. HETTNER, deutsche litgesch. d. 19. jahrh. 3, 2, 498.

LIEBEBEGLÜCKT. die liebebeglückte seele. DÜNTZER zu Göthes lyr. ged. 3, 252.

LIEBEBESEELT.
auf dem gefieder des siegs
schwang liebebeseelt sich empor dein schwiegersohn.
PLATEN 2, 251 (1853). das wort auch bei KNAK zionsharfe⁵ 49.

LIEBEBEWEGT. A. W. SCHLEGEL bei Gödeke elf bücher 2, 276ᵃ (silbenmaße) nennt die elegie:
jedes
liebebewegten gemüts linde bewältigerin.

LIEBEBLASZ.
wie der geflügelte liebesbote
also ausprach die freudenrote,
antwortete sie liebeblaß.
RÜCKERT 12, 10 (Nal).

LIEBEBRUNN.
da quillt der liebebrunn.
MÜHLPFORT ged. 2, 148.

LIEBEBUCH. das erste stück, das mich von den rechten historien zu den liebebüchern und von den wahrhaften geschichten zu den heldengedichten zog. Simplic. 3, 18, s. 262 (Braune). *rgl. auch* liebbuch.

LIEBEDELPHIN.
Makaras, des liebedelphins
gleichsam ungeratner sohn.
RÜCKERT 7, 23.

LIEBEDENKEN.
dein harrend, sinnend, ganz von liebedenken
umringt. von schmerzen, die mich hold umspielen.
TIECK ged. 1, 216.

LIEBEDIENER *(Hederich und Campe).* ZESEN, Ibrahim Bassa 3, 18.

LIEBEDIENST. JOH. HEERMANN sonn- und festtagsevangelien s. 80 *(ausgabe von* 1644).

LIEBEDUFTNETZ.
und ein liebeduftnetz webend
ordnen sie im kreis sich schon.
RÜCKERT 7, 270.

LIEBEDURSTIG.
sie ist das licht, mit dessen strahlen
du liebedurstig dich durchtränkest.
RÜCKERT 1, 488

LIEBEEMPFANGEN. da ist nichts denn eitel liebeempfangen. JACOB BÖHME Aurora 12, 60.

LIEBEERGUSS.
und eilt heran um unter lieb'ergüssen
sie tausendmal zu herzen und zu küssen.
GRIES, ras. Rol. 31, 60 = bd. 4, 82 (1827).

LIEBEFEINDLICH.
o tausendmal verflucht der tag, die stunde,
die ein so liebefeindlich herz gebar!
GRIES verl. Rol. 1, 9. 5 = *1. teil*, s. 215.

LIEBEFEUER. dasselbe freundliche liebelichtfeuer gehet in der süßen qualität auf in bitter und herbe qualität. JACOB BÖHME Aurora 8, 95. bis sich das liebefeuer hat in dem tode angezündet. *ebd.* 24, 3. meine augen, die man hiebevor niemal ohn liebefeuer finden können. Simplic. 4, 7. s. 310 (Braune).

LIEBEFLINKERN. es waren durch dies liebeflinkern selbst alle meine sinnen so gar aus mir herausgerückt. ZESEN Assenat 29.

LIEBEFREI.
mein liebefreier blick sieht kalt auf dich,
und deine schönheit läßt mich unerweicht.
BYRON 1, 9 (an Janthe str. 3).

LIEBEFRÜHLING.
die blumen meines liebefrühlings.
RÜCKERT ged. 460 (Fkft. 1847).
frisch bleibt des liebefrühlings holder segen,
die wollust bringt den winter vor der zeit.
SHAKESPEARE Venus u. Adonis s. 116 (Wagner).

LIEBEGEBURT. so ist allda nichts dann eitel sehnen, begehren und erfüllen, gar ein sanftes und liebliches kosten, ringen, küssen und liebegeburt. JACOB BÖHME Aurora 15, 46.

LIEBEGEIST. der liebegeist im herzen Gottes. JACOB BÖHME Aurora 26, 105, 109, 110. der liebegeist, das herze Gottes. *ebd.* 26, 124; der liebegeist aus dem herzen Gottes. *ebd.* 26, 129.

LIEBEGESPRÄCHE. da ist freude und ein freundliches beneveniren und willkommen und ein liebegespräche. JACOB BÖHME Aurora 12, 59.
sieh den silbernen bach: hier tief im grunde
zeiget er spiegelnd dir das kleinste steinchen;
murmelnd sein geheimnis, ladet er ein zu
liebezesprächer.
HERDER 27, 26 (1795 Terpsichore).

LIEBEGLÜHEN.
so lange hat nicht seit ihr liebeglühen.
GRIES ras. Rol. 19, 30 = bd. 2, 293 (1827).

LIEBEGÖTTIN. die schöne Ebreerin hat ihre meisterstükke in der jagt dermassen erwiesen, daß sie billig eine jagt- und liebegöttin zu nennen. ZESEN Assenat 312.

LIEBEGRILLEN. den tag über hatte ich mit den liebebüchern (liebegrillen) zu thun. Simplic. 3, 21 s. 272 (Braune).

LIEBEHÄNDEL. daß ich mich so lange in der Seliche liebehändeln hätte aufgehalten. Simplic. 3, 19 s. 266 (Braune).

LIEBEHAUCHEND. im anblick der liebe-hauchenden schönheitsgöttin hinzuschmelzen. WIELAND 24, 199 (ideale der griech. künstler).

LIEBEHOF.
gieb, daß deines liebehofes dichter. Freimund,
blühenden gesangs geschmeide schmelz in deinem
feuer.
RÜCKERT 7, 275.

LIEBEKRAFT. wann dann die süße lichte liebekraft zu ihnen kommt, daß sie davon kosten und ihr leben kriegen. JACOB BÖHME Aurora 8, 96.

LIEBEKUNST.
laß meine seele sich gewöhnen,
zu üben in der liebekunst.
ANGELUS SILESIUS ('ich will dich lieben, meine
stärke' str. 7) *in neueren gesangbüchern*
geändert in liebeskunst.

LIEBEKUSS. 1716 *bei* DENTZLER clavis linguae latinae 2, 190a.
hier schlaf ich ein und will nicht eh'r erwachen,
als bis der liebsten liebekuß mich weckt.
RÜCKERT 5, 83 (sicilianen).
ihr götter, wohl mir daß ihr not mir gabt
mit aller der hoffnung liebekuß mich labt.
HERDER stimmen der völker 5, 72 (*Hempel*).

LIEBELAUSCHER.
aber tausendmal so lieblich
stiehlt dem liebelauscher hier

LIEBELEBEN (*Platen*). Hollins liebeleben. *titel eines romans von* ACHIM VON ARNIM (1802).
> ja seligkeit war mir, in deinem arm
> ein neues liebeleben jenseit loben.
>> TIECK kaiser Oktavianus 107 (1804).
> liebeleben, glückenbunde,
> langes leben, ew'gen fest.
>> CHAMISSO poet. werke 1, 108 *(auswahl, Berlin 1868)*.
> und all die muntern sänger schweben
> als unsre boten hin und her,
> und unser träumend liebeleben
> läßt keinen raum für wünsche mehr
>> F. H. MEYER *bei* Schenckel-Paldamus, dichterhalle 1, 476.

LIEBELECHZEND.
> immer will die erde aufwärts
> liebend an der sonne hangen,
> und das feuer hält sie innen
> in sich selber eingefangen:
> so erbiert sie aus dem sehnen
> liebelechzend reine wasser;
> diese sind die mutterthränen,
> die ihr fließen von den wangen.
>> TIECK kaiser Oktavianus 182 (1804), *wiederholt gedichte* 1, 4.

LIEBELOHN.
> wer liebelohn verdienen will,
> sol sich ein einzig herz ersehen.
>> R. ROBERTHIN *bei* Gödeke elf bücher 1, 332 b.

LIEBELOS (*Göthe*).
> verletzen mögt ihr mich, ihr kalten, liebelosen.
>> PLATEN 2, 34 (ghaselen).

LIEBEMAHLZEIT. agapae 1716 *bei* DENTZLER clavis l. lat. 1, 22ᵃ *und* 2, 190ᵃ.

LIEBEMURMELND.
> liebemurmelnd eilt der bach.
>> GOTTER (1771) *bei* GÖDEKE elf bücher 1. 739 b.

oder sind hier wirklich noch zwei getrennte wörter anzunehmen, so daß liebe acc. wäre?

LIEBEREGUNG. dan ich gedachte, seine lieberegungen werden sich alsdan legen. Simplic. 2, 25 s. 171 (Braune).

LIEBEREICH (*als subst. ohne beleg*).
> zuletzt . . . nimmt Gott dio seinen
> ins paradies, ins lebens liebereich.
>> CHR. ANDR. BERNSTEIN († 1699) im unverf. liedersegen 549 b.

LIEBEREIGEN.
> unsres liebereigens leiter reicht hinauf
> über sonn' und morgenröte.
>> RÜCKERT 5, 205 (ghaselen 11).

LIEBEREIZ. *variante in Schillers Semele bei* GÖDEKE 1, 321.

LIEBERINGEN. welcher quellgeist in der Gottheit sich dazumahlen sonderlich erzeiget mit seinem aufsteigen und lieberingen. JACOB BÖHME Aurora 12, 25; die wunderliche proporz . . . . die entstehet durch die qualificirung und durch das lieberingen der andern geister. *ebd.* 16, 19.

LIEBESAFT. speiset und tränket sie mit ihrem süßen liebesaft. JACOB BÖHME Aurora 8. 95.

LIEBESANG.
> du hast zu liebesanges lohn
> die liebe mir verliehn
>> RÜCKERT 1, 390.

LIEBESÄNGER. RÜCKERT 7, 13 *in der überschrift*.

LIEBESCHATZ.
> hätte Gottes sohn
> nicht aus der fülle seines liebeschatzes
> die teuerste vermittlung so erneut.
>> MILTON verl. parad. 3, 224—226 *(Schuhmann)*.

LIEBESCHENKE.
> geht in des frühlings liebeschenke,
> trinkt seine weine ohne grauen.
>> RÜCKERT 5, 201 (ghaselen 16).

LIEBESCHMACHTEN. *s. n.* wider das liebeschmachten *überschrift bei* HERDER stimmen d. v. 5, 212 Hempel. *das pt.* liebeschmachtend *wird im DWB aus Stolberg belegt*.

LIEBESCHERZ.
> göttlich nur ist liebescherz.
>> RÜCKERT gedichte 434 (Fkft. 1847).

LIEBESCHMERZ.
> mit kleinodien nie so reich war ein schrein versehn
> wie mein busen mit liebeschmerz ist und pein versehn.
>> RÜCKERT 5, 269 (ghaselen 3, 27).

LIEBESCHMINKE.
> weil thau zur liebeschminke wird im rosenantlitz.
>> RÜCKERT 5, 215.

LIEBESCHNAUFEN.
> fühlst du nicht ein liebeschnaufen?
>> GÖTHE 5, 190.

LIEBESCHRIFT.
> du bist die sternenschrift am himmel dort,
> im herzen hier die liebeschrift bist du.
>> RÜCKERT 5, 231 (ghaselen 2, 15).

LIEBESCHWELLEND.
> so lang noch frisch und glühend diese glieder
> und liebeschwellend dieses Niles quelle.
>> BYRON 1, 139 (Harold 4, 150).

LIEBESCHWUR.
> schwöre treu, und gnad' antwortet
> dir mit höchsten liebeschwüren.
>> RÜCKERT 5, 217.
> alles leid, das ich erfuhr,
> kümmerte so sehr mich nicht,
> als daß sie den liebeschwur,
> den sie mir geschworen, bricht.
>> *ebd.* 5, 509.

LIEBESEHNEN. und ist in den scharfen und feurigen gebärungen nichts dann eitel liebesehnen. JAC. BÖHME, Aurora 23, 39.

LIEBESEHNSÜCHTIG. so weich, so mild, so teilnehmend, so fein, so liebevoll und liebeschnsüchtig. J. PAUL HESPERUS 169 (Hempel).

LIEBESEUFZEND.
> unf liebeseufzend girre.
>> SCHILLER anthologie *bei* Gödeke 1, 294.

LIEBESIECH *(Scheffels Ekkehard)*. euer liebesieches herz. GRANDISON 6, 95 (Lpz. 1759). wenn es einer liebesiechen schönheit eingefallen wäre, den ersten schritt zu thun. J. G. MÜLLER herr Thomas 3, 177 (1791).

LIEBESPAZIEREN *(verbum)*. daß die heiligen engel sich nicht können genug freuen und darinnen liebespazieren. JAC. BÖHME aurora 11, 64; gar ein holdseliges liebespazieren. *ebd.* 12; 60.

LIEBESPIEL. unbegreiflich in seinem liebespiel. JAC. BÖHME aurora 13, 42; das triumphieren, darinnen das göttliche und sanfte liebespiel in Gott aufgehet. *ebd.* 15, 59.
 wie so das heilge liebespiel begonnen.
   RÜCKERT 7, 302

LIEBESPIELEN *(subst. inf)*. gleichwie die geister Gottes immer in einander aufsteigen und in ihrer geburt ein liebespielen haben. JAC. BÖHME aurora 12, 57.

LIEBESPRUCH. eine von *A. Schöll herrührende überschrift zu Göthe* 3. 119.

LIEBESPUREN.
 und es sind die liebespuren
 dort noch, denen ich einst nachgieng auf den
   fluren.
   RÜCKERT 2, 492.

LIEBESTERN.
 und des liebesternes funkeln
 lasse Venus nie verdunkeln
 über euch am himmel dort.
   RÜCKERT 1, 183.

LIEBESTÖRER. du, mein Karl, sei mein genius wider diesen fremdling, diesen liebestörer. SCHILLER räuber 4, 4 *bei* Gödeke 4, 149.

LIEBESTRAHL.
 wo meines schmerz ein liebestrahl durchbricht.
  GRIES Tassos befr. Jer. 1. 210 = ges.
   7, str. 39.
 sie ist schön wie der frühlingstag
 in liebestrahlen zerflossen.
   RÜCKERT 1, 481.
 aber von leisen
 liebestrahlen
 meines mondes berühret.
   RÜCKERT 1, 579.

LIEBESTREBEN *(Göthes prosa)*.
 sein töricht liebestreben.
  GRIES ras. Roland ges. 42, str. 64.
 die lange zeit, das plagenvolle leben
 besänftigte das heiße liebestreben.
  GRIES Bojardos verl. Rol. 1, 17, 5 = 2. p. 24.

verflucht das heiße liebestreben!
  ebd. 2, 40 = ges. 17, str. 52.

LIEBESTÜCK. HOFFMANNSWALDAU heldenbriefe 93.

LIEBETÄNDELND.
 sanfterer tage sohn
 und selbst als greis noch liebetändelnd,
 wußt' er [*Göthe*] die mächtige brust zu zähmen.
  PLATEN 2, 202 (an W. Genth).

LIEBEVERLECHZT.
 und es liebten die menschen, und Noah pflanzte
   die reben,
 daß die liebeverlechzten am trost des weines
   sich letzten.
  RÜCKERT 5, 25 (ghaselen 3, 6).

LIEBEWARM *(Körner, Uhland)*.
 dann flieh' ich, zitternd fliehe ich
 zur kleinen liebewarmen.
  SCHILLER anthologie, *bei* Gödeke 1, 294;
  später auch E. M. ARNDT ged. 209
  (1813).

LIEBEVERWUNDET.
 ihr jungfrauen, die ihr um meine göttin
 wandelt, saget ihr an, o sagt Dianen,
 da ein pfeil mich, ein süßer pfeil im herzen
 liebe-verwundet.
  HERDER 27, 35 (Terpsichore. 1795).

LIEBEWECKEND.
 wann seines jagdhorns liebeweckend ach
 zog durch die wälder.
  RÜCKERT 3, 194 (edelst. u. perle).

LIEBEWILLEN. du solst aber alhie wissen, daß sie alle einen liebewillen unter einander haben; keiner mißgönnt dem andern seine gestalt und schönheit. JAC. BÖHME aurora 12, 17.

LIEBEWIND.
 wenn uns dein allmächtstau erquicket,
 wenn uns dein liebewind anblicket,
 wenn deines regens regen netzet:
 so fleucht, was jemals uns verletzet.
  ANDR. GRYPHIUS oden 2, 11 = s 570 *der*
  ausg r. 1663.

LIEBEWOLLUST. weil es damals mit mir aufs höchste kommen war und ich die nunmehr gekostete liebewollüste nicht mehr entbehren wolte. Simplic. 3, 19 s. 267 (Braune).

LIEBEZEICHEN. so würde sie ohne zweifel mier noch wohl so viel gunst erzeugen und mir ein solches liebezeichen nicht blikken lassen. ZESEN Ibrahim Bassa 2, 520 (1645). DENTZLER clavis linguae latinae 1, 532^b u. 2, 140^a (1716).

Kapitel 2.

LIEBATHMEND.
 liebathmend ward das kind, liebreizend ward
   der knabe;
 und als er jüngling ward, ersehnt' er liebesgabe.
  RÜCKERT 3, 209.

LIEBBEDÜRFTIG *steht als variante zu* liebebedürftig *in Göthes* Pandora. *s.* STREHLKE *zu* Göthe 10, 370 (s. 593).

LIEBBESTRAHLT.

113 LIEBDURCHPOCHT—LIEBERGLÜHT.

sehe wie sie ihren strahl,
den liebbestrahlten blitz, viel hundert mal
auf uns verliebet wirft.
G. NEUMARK lustwäldchen 164 (falsche beziffe-
rung im druck statt 174).

LIEBDURCHPOCHT.
du armer, schlummre nur
am liebdurchpochten mutterherzen
der alles heilenden natur.
L. v. PLÖNNIES das grab des evangelisten bei
Schenkel-Puldamus dichterhalle 3, 40.

LIEBEIFER (= *eifersucht*). dieser bau ist eine würkung seines liebeifers. ZESEN Ibrahim 3, 66 (1645).

LIEBENTBRANNT. die liebentbrannten lüste. ABSCHATZ s. 78 (*übersetzung von Guarinis getr. schäfer*).

die lieb' entbrannte.
GRIES verl. Rol. 3, 5, 38 = 4. teil s. 295;
desgl. 3, 9, 9 = 4. teil, s. 370.

da ich nun alle so dem schönsten triebe
der liebe huldgen sah und hörte, fragte
ich liebentbrannt, wo denn die liebste bliebe.
RÜCKERT 3, 163.

LIEBENTBRENNUNG.
du gegenstand meiner liebentbrennung.
RÜCKERT 6, 100.

LIEBENTFACHT (*Platen*).
wie der keraunstille macht
liebentfacht
tritt heraus. RÜCKERT 5, 308 (östr. rosen).

LIEBENTFLAMMT. GRIES ras. Rol. 10, 8 = bd. 1, 257 (1827).

LIEBENTGLOMMEN.
liebentglommner rosenstrauch.
RÜCKERT 5, 308.

LIEBENTGLÜHT. zu dem einzigen aus Platen beigebrachten beispiele füge man von demselben dichter:

heut erbarme doch dich dieser liebentglühten
pein etwas.
2, 84 (vierzeilen).

ferner: doch was ist die weise rede
in dem liebentglühten herzen?
A. v. DROSTE-HÜLSHOFF 1, 330.

LIEBERFÜLLT (*ein beispiel aus Göthe*) man füge dazu:

ich aber zuversichtlich trat zur gattin schnell
und eignete das gottgesandte wonnebild
mit starken armen meiner lieberfüllten brust.
GÖTHE 10, 344 (Pandora).

LIEBERGEBEN. allen frawen vnd jungfrawen, lieborgebenen jungen leuten. IsMENIUS (1573) *übersetzt von* Chr. Artopoen [Becker] s. Vilmar zur bibliogr. Fischarts 43.

LIEBERGLÜHT.
wo er [der mond] mit seinem lieberglühten
kerne
auf meinen liebesgängen mich begleitet.
RÜCKERT 1, 810.

114 LIEBERHITZT—LIEBGESINNT.

LIEBERHITZT. viel unter den jungfrauen ersehen ihre bildnissen in lieberhitzten herzen mit kaltsinniger gegengunst. HARSDÖRFFER frauenz. gespr. 4, 327 (1644).

LIEBEROBRUNGSKRIEG.
den sanften lieberobrungskrieg.
RÜCKERT 1, 278.

LIEBERWECKER.
es ist mir auch gesagt, was vor ein abendtheur
da vorgelaufen ist, bei jenem liebesfeur
welche angefechalt hat der kluge lieberwecker
Kupido, jener schalk, der kleine lose lekker.
G. NEUMARK lustwäldchen 163.

LIEBFÜHLEN. ist nichts dann ein herzlich lieben und freundlich sehen, wolrüchen, wolschmecken und liebfühlen, ein holdseelig küssen, von einander essen, trinken und liebespazieren. JAC. BÖHME Aurora 9, 38.

LIEBFUNKELND. liebfunkelnde augen. diction. WIEDERHOLD (1683).

ein liebesblick die sonne war;
und als sie versank, zerstiebte sie gar
in tausend liebfunkelnde sterne.
RÜCKERT 1, 444.

LIEBGEBÄU.
und dieses liebgebäu der tugenden lusthaus.
WECKERLIN nr. 126, 171.

LIEBGEDICHT. buhlereien oder liebgedichte *überschrift bei* WECKERLIN; *siehe die anm. Gödekes zu nr.* 148 s. 290.

LIEBGEKOSE (*Rückert*) *auch Platen:*
einmal will ich, das versprech ich, ohne liebgekose leben.
2, 60 = ghaselen 116.

LIEBGEBUNDEN.
während dann
verwesung hier an unsern leichen naget,
ergehn sich unsre liebgebundnen seelen.
badend in wonneströmen dort.
MALER MÜLLER 2, 210 (Niobe 3).

LIEBGEREIZT.
hier sind liebgereizte mienen.
CHR. WEISE überfl. gedanken 7. dutzend, nr. 1.

ein regelrecht gebildetes, doch, wie es scheint, kaum noch vorkommendes passivum zu dem aktiven liebreizend.

LIEBGESCHLOSZEN.
wenn ihr nicht lasset ab
vom liebgeschloßnen band.
HARSDÖRFFER frauenz. gespr. 4, 108 (1644).

LIEBGESINNT.
in liebgesinnter ruh.
CHR. WEISE notw. gedanken 187 (1672).

liebgesinnte blicke.
derselbe überfl. ged. 2. dutzend nr. 2.

LIEBGEWÜNSCHT.
habt dank, ihr Venusinnen,
die ihr so manchesmal die liebgewünschte zeit
auf eure polnisch art mir habet kurz gemachet.
NEUMARK lustwäldchen 181 *(unrichtig gedruckt statt* 191).

LIEBJAUCHZEND. liebjauchzende Sulamithin. *titel eines buches von* JAC. KNESPEL *aus d. j. 1700.*

LIEBÖL.
was nicht in lieböl brennt, das ist ein falsches licht.
ANGELUS SILESIUS cherub. wandersm. 5, 11:
(ausg. v. 1675 *s.* 188).

LIEBSPIELEND.
die sterbeblau-spielenden äuglein blitzen
und machen kunstmütige spieler erhitzen,
die ihren liebspielenden strahlenden blikk
nicht können erreichen, und weichen zurükk.
ZESEN *bei* Harsdörffer frauenz. gespr. 5 (vom 20. den. 1644).

LIEBSYSTEM.
ich habe manch ein liebsystem gemacht.
RÜCKERT 5, 342 (östl. rosen).

LIEBUMSTRICKT. BYRON 2, 60 (Corsar 1, 17).

LIEBVERDÜSTERER.
ir liebverdüster, ir kirch- und schulverwüster.
FISCHART *bei* Kurz 3, 107 *(aus der geschichtkl.).*

QUELLENVERZEICHNIS,

so weit ein solches überhaupt erforderlich erscheint.

Abschatz, H. Aßm. v., poet. übersetzungen und gedichte. Lpz. u. Bresl. 1704.
Angelus Silesius s. Scheffler.
Arndt (E. M.), gedichte. Berlin 1860.
Arnold (Gottfr.), geistl. liebesfunken. Fkft. 1698. unpart. kirchen- und ketzerhistorie. Schaffhäuser ausg. 1741—42.

Bessers gedichte hsg. v. König. Lpz. 1782.
Böhlau (Ch. D. v.), poetische jugendfrüchte. o. j (1740).
Böhm (Jacob), Aurora. 1780.
Byron, übersetzt v. Ad. Böttger. Lpz. 1853.

Canis (Frhr. v.), gedichte. Berl. u. Leipz. 1734.

Dach (Sim.), gedichte. die bloße zahl bezeichnet die selten in Österleys größerer ausgabe (litt. verein); daneben ist auch die kleinere ausgabe (dichter des 17. jahrh.) benutzt.
Droste-Hülshoff (A. v.), ges. schriften 3 bde. hsg. v. L. Schücking. Stuttg. 1878—1879.

Eichendorf (Jos. v.), gedichte. Lpz. 1864 (1. bd. der sämtl. werke).

Fischart (Joh.), dichtungen hsg. v. Kurz. Lpz. 1866—1868.

Geibel (E.), gedichte 64. aufl. 1869; juniuslieder 20. aufl. 1873; neue gedichte 7. aufl. 1873; neue gedichte u. gedenkblätter 6. aufl. 1875; spätherbstblätter 1877.
Göthe, Hempelsche ausgabe.
Grimmelshausen, bald nach Kurz, bald nach Tittmann; der Simplicissimus auch nach dem von Kögel besorgten neudruck (Niemeyer).
Gryphius (Andr.), freuden- und trauerspiele. Bresl. 1663. lustspiele hsg v. Palm, Tüb. 1878. (litt. verein).
Gryphius (Chr.A.), poet. wälder. Fkft. u. Leipz. 1698.
Günther, (Chr.), lebensbeschreibung. Schweidnitz u. Leipz. 1732.

Hagedorn, ausg. v. 1800; daneben die oden und lieder in d. ausg. v. 1747.

Hardenberg (Fr. v. ps. Fr. Novalis), ges. werke. 3 teile. Berl. 1837—1846.
Harsdörffer (G. Ph.), frauenzimmer-gesprächspiele. 8 bde. Nürnb. 1643-49.
Herrmann (Joh.), Devoti musica cordis. Lpz. 1644.
Herder; ohne nähere bezeichnung ist Suphans ausgabe gemeint, sonst die Hempelsche.
Hippel (Th. G. r.), über die ehe. ausg. v. Brenning. Lpz. 1872.
Hoffmannswaldau (Chr. Hoffm. v.), deutsche übersetzungen und gedichte. Breßl. 1696 (getr. schäfer, storb. Socrates, heldenbriefe, poetische geschichtsreden, hochzeitgedichte, geistliche oden, vermischte gedichte u. poetische grabschriften. über die unter seinem namen gehende sammlung verschiedener gedichte s. unter Neukirch.
Hunold (Chr. F.) schrieb unter dem namen Menantes: edle bemühungen müßiger stunden. Hamburg 1702; allerneueste art zur reinen und galanten poesie zu gelangen. Hamb. 1707.

Immermann (K.), Tristan u. Isolde. Lpz. Reclam o. j.

Knak (G), zionsharfe 3. aufl. Berl. 1843.
Körner (Th.), ausg. v. Streckfuß in 4 teilen. Berl. 1853.
Kortum (K. A.), Jobsiade. 11. aufl. Lpz. 1865.
Kottwits u. *Köbern* (Siegm. v.), moralische gedichte und übersetzungen. Lpz. u. Berl. 1736.

Lenau (Nik.), gedichte. Stuttg. 1869.
Lindner, (C. G.), deutsche gedichte. Breßl. u. Leipz. 1743.
Logau (F. v.), ausg. v. Eitner (litt. verein).
Logau (H. W. v.), poet. zeitvertreib. Bresl. und Liegnitz 1725.
Lohenstein (Dan. Casper v.), blumen. Breßl. Fellgibel 1680; Cleopatra ebd. 1680; Sophonisbe ebd. 1680.

Matthisson (Fr. v.), gedichte 5. aufl. o. o. 1803.
Mencke (Joh. Burch.), galante gedichte. Lpz. 1705.
Menantes s. Hunold.
Moscherosch (Joh. M.), Philander v. Sittewald, ausg. v. 1646.

Mühlpfort (H.), teutsche gedichte. Breslau 1686; teutscher gedichte ander teil Fkft. u. (Bresl.) 1687.
Müller (Friedr. genannt maler Müller), schafschur. Mannheim 1775; dichtungen, 2 teile Leipzig 1868.
Müller (J. G), Herr Thomas. Göttingen 1790. (7. u. P. bd. der kom. romane aus den papieren d. braunen mannes).
Müller (Wh.), gedichte. Lpz. bei Brockhaus.

Neukirch (Benj.), gemeint ist die in ihren ersten bänden von Neukirch herausgegebene sammlung: des herrn von Hoffmannswaldau und anderer Deutschen auserlesene und bisher ungedruckte gedichte, 7 bde. 1695—1727.
Neumark (Ge.), poetisch-musikalisch lustwäldchen. Hambg 1652.
Novalis s. Hardenberg.

Opitz, Amsterdamer ausgabe 1646 u. 1645.

Pietsch (Joh. Val), gebundene schriften. Königsberg 1740.
Philander e. d. Linde s. Menke.
Platen (Gf. A. v.), gesammelte werke. 5 bde. Stuttg. 1853.

Rollenhagen (Ge.), Froschmeuseler. Magdeburg 1600.
Rückert (Fr.), gesammelte poet. werke in 12 bden. Fkft. 1867 ff

Salis (Joh. G.), gedichte. Zürich 1808.
Scheffler (Joh), heilige seelenlust. Breslau 1657. cherubin. wandersmann. Olslz 1675.
Schenckel, dichterhalle d. 19. jhdts., herausg. v. H. Paldamus, 3 teile. Mainz 1868 fg.
Schenkendorf (M. v.), gedichte. Lpz o. j. Reclam.
Schiller, nach Gödekes großer ausgabe.

Schmidt (F. W. A.), gedichte Berl. 1797; almanach romant. ländliche. gemählde für 1798. Berl.
Schmolke (Benj.), heil. liederflammen. 1704.
Schottelius (J. Geo.), ausführl. arbeit v. d. teutschen haubtsprache Braunschw. 1663.
Schulze (Ernst), Cäcilie. 2 teile. Lpz. 1622; die bezauberte rose. 7. aufl. Lpz. 1844.
Shakespeare, übersetzung von Schlegel u. Tieck. 12 bde. Berl. 1839—40; gedichte übersetzt v. E. Wagner. Königsberg 1840.
Stoppe (Dan.), teutsche gedichte, l. u 2. sammlung. 2 teile Fkft. u. Lpz. 1728—29.

Thümmel (M. A. v.), sämtl. werke. Lpz. 1811 ff.
Tieck (Ludw.), kaiser Oktavianus. Jena 1804; gedichte, 3 bde. Dresden 1821—23.

Wackernagel (K. E. Phil.), K. L. = deutsches kirchenlied.
Weckerlin (Geo Rod.), gedichte. Lpz. 1873 (herausg. v. Gödeke, 5 t.d. der dichter des 17. jhdts).
Weichmann (Chr. Fr.), poesie der Niedersachsen, 6 teile Hambg 1721—1734.
Weise (Chr.), überflüssige gedanken der grünenden jugend. Lpz 1602; notwendige gedanken der grünenden jugend. Lpz. 1696.
Wieland (Chrph. M.), sämtl. werke in 30 bden. nebst 6 supplementbden. Lpz. 1794—1805.

Zesen (Phil.), poetischer rosenwälder vorschmack. Hambg. 1642; Ibrahim Bassa. Amsterd. 1645; Sofonisbe. Amsterd. 1647; hochdeutscher Helikon. 3. ausg. Wittenberg 1649 u. d. ausg. Jena und Berlin 1656; dichterische jugendflammen. Hamburg 1651; Assenat. Nürnberg 1672.
Zinzendorf (Nic. Ludw. Gf. v.), teutsche gedichte. neue aufl. 1766.